essentials

essentials liefern aktuelles Wissen in konzentrierter Form. Die Essenz dessen, worauf es als „State-of-the-Art" in der gegenwärtigen Fachdiskussion oder in der Praxis ankommt. *essentials* informieren schnell, unkompliziert und verständlich

- als Einführung in ein aktuelles Thema aus Ihrem Fachgebiet
- als Einstieg in ein für Sie noch unbekanntes Themenfeld
- als Einblick, um zum Thema mitreden zu können

Die Bücher in elektronischer und gedruckter Form bringen das Expertenwissen von Springer-Fachautoren kompakt zur Darstellung. Sie sind besonders für die Nutzung als eBook auf Tablet-PCs, eBook-Readern und Smartphones geeignet. *essentials:* Wissensbausteine aus den Wirtschafts-, Sozial- und Geisteswissenschaften, aus Technik und Naturwissenschaften sowie aus Medizin, Psychologie und Gesundheitsberufen. Von renommierten Autoren aller Springer-Verlagsmarken.

Weitere Bände in der Reihe http://www.springer.com/series/13088

Christian Köhler-Ma · Gordon Geiser
Jesko Stark

Compliance in der Unternehmenskrise

Ein Leitfaden

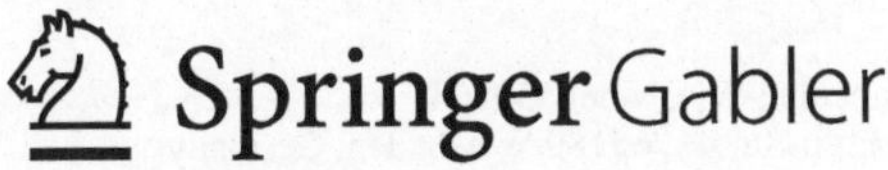

Christian Köhler-Ma
GT Restructuring
Berlin, Deutschland

Jesko Stark
GT Restructuring
Berlin, Deutschland

Gordon Geiser
GT Restructuring
Berlin, Deutschland

ISSN 2197-6708   ISSN 2197-6716   (electronic)
essentials
ISBN 978-3-658-20260-6   ISBN 978-3-658-20261-3   (eBook)
https://doi.org/10.1007/978-3-658-20261-3

Die Deutsche Nationalbibliothek verzeichnet diese Publikation in der Deutschen Nationalbibliografie; detaillierte bibliografische Daten sind im Internet über http://dnb.d-nb.de abrufbar.

Springer Gabler
© Springer Fachmedien Wiesbaden GmbH 2018

Gedruckt auf säurefreiem und chlorfrei gebleichtem Papier

Springer Gabler ist Teil von Springer Nature
Die eingetragene Gesellschaft ist Springer Fachmedien Wiesbaden GmbH
Die Anschrift der Gesellschaft ist: Abraham-Lincoln-Str. 46, 65189 Wiesbaden, Germany

Was Sie in diesem *essential* finden können

- Welche Indizien deuten auf das Entstehen einer Krise hin, die besondere Compliance-Anforderungen an die Geschäftsleitung mit sich bringt?
- Warum ist es wichtig, dass die Geschäftsleitung in der Unternehmenskrise ganz besonders auf die Einhaltung der verschiedenen krisenbezogenen Verpflichtungen achtet, welche in Ergänzung zu den allgemeinen Pflichten der Geschäftsleitung entstehen?
- Was sind die wichtigsten „Dos" und „Don'ts" in der Unternehmenskrise und welche Konsequenzen können daraus bei Nichtbeachtung resultieren?
- Wieso muss ein Insolvenzverfahren nicht unbedingt das Ende des kriselnden Unternehmens bedeuten, sondern kann stattdessen das Mittel zur Beseitigung der Schwierigkeiten sein?
- Wie kann ein Insolvenzplan verwendet werden, um die widerstreitenden Interessen der von der Krise betroffenen Beteiligten unter einen Hut zu bringen?

Inhaltsverzeichnis

Einleitung 1

Unter dem Stichwort Compliance wird weithin die Einhaltung gesetzlicher Regelungen durch ein Unternehmen, aber auch die Beachtung allgemeiner Verhaltensweisen verstanden, die die Interessen des Unternehmens und seiner Vertragspartner wahren und Konflikte hinsichtlich dieser Interessen vermeiden sollen. Da ein Unternehmen nicht selbst, sondern durch seine Organe handelt, ist Adressat der verschiedenen Compliance-Anforderungen regelmäßig die Geschäftsleitung des entsprechenden Unternehmens. Diese kann die Verantwortung zwar delegieren. Sie bleibt aber letztlich immer in der Verantwortung.

Gerät das Unternehmen in eine Krise, so verdichten sich die zu beachtenden Compliance-Anforderungen ganz erheblich. Denn je weiter sich das Unternehmen durch die verschiedenen Krisenstadien (Stakeholderkrise, Strategiekrise, Produkt- und Absatzkrise, Erfolgskrise, Liquiditätskrise, Insolvenzreife) bewegt, desto mehr Interessen verschiedener Personen werden betroffen. Besonders kritisch wird die Beachtung dieser regelmäßig widerstreitenden Interessen, wenn die Krise so weit fortgeschritten ist, dass das Unternehmen in finanzielle Schwierigkeiten gerät und absehbar ist, dass die Liquidität nicht mehr ausreicht, um die Ansprüche und Forderungen der verschiedenen Vertragspartner zu decken. Die besondere Bedeutung dieses Stadiums der Krise wird dadurch verdeutlicht, dass der Gesetzgeber Handlungen der Organe, die zu einer weiteren Schmälerung des Vermögens zulasten der Gläubiger führen, nicht nur mit einer persönlichen zivilrechtlichen Haftung, sondern auch mit der Androhung der Strafbarkeit sanktioniert.

Verschärft wird diese Situation aus Sicht der Geschäftsleitung dadurch, dass sie sich häufig zugleich dem Druck der Gesellschafter ausgesetzt sieht, deren Eigenkapital in der Krise der Gesellschaft dem höchsten Verlustrisiko ausgesetzt ist und die daher naturgemäß ein starkes Interesse daran haben, eine Insolvenz so lange wie möglich hinauszuschieben, da sich mit dem Insolvenzantrag dieses Risiko in vollem Umfang materialisiert.

© Springer Fachmedien Wiesbaden GmbH 2018
C. Köhler-Ma et al., *Compliance in der Unternehmenskrise,*
essentials, https://doi.org/10.1007/978-3-658-20261-3_1

Es ist daher essentiell für die Geschäftsleitung eines Unternehmens, sich regelmäßig einen möglichst umfassenden Überblick über die Geschäftsabläufe und die wirtschaftliche Situation der Gesellschaft zu verschaffen und diese eigenständig zu bewerten. Nur so ist es möglich, Krisensymptome möglichst frühzeitig zu erkennen.

Zeigen sich solche Krisensymptome, so ist es gleichermaßen essentiell, diese nicht in der Hoffnung zu verdrängen, dass es sich nur um eine temporäre Schwäche handelt, die sich von allein beseitigt. In aller Regel bestehen gerade in den frühen Phasen einer Krise noch eine Reihe von Möglichkeiten, um dieser entgegenzuwirken und das Unternehmen wieder in ein ruhiges Fahrwasser zu bringen. Insbesondere ist zu dieser Zeit die Wahrscheinlichkeit noch recht hoch, dass von dritter Seite das regelmäßig erforderliche frische Kapital beschafft werden kann, um die Defizite nachhaltig anzugehen und zu beseitigen.

Ziel dieses *essentials* ist es, einen Eindruck davon zu verschaffen, was eine Unternehmenskrise kennzeichnet und welche wesentlichen Pflichten die Geschäftsleitung beim Vorliegen einer solchen Krise beachten muss. Eine Befassung mit Compliance-Fragen in der Unternehmenskrise wäre jedoch unvollständig ohne eine zumindest kurze Betrachtung auch des Insolvenzverfahrens. In einem dritten Teil wird daher ein Überblick zu diesem Verfahren und die dort zur Verfügung stehenden Instrumente gegeben, um den Geschäftsbetrieb aus der Krise zu führen und zu stabilisieren. Allerdings ist das Thema Unternehmenskrise ein sehr weitgehendes Thema mit vielfältigen Fallstricken und Stolpersteinen. Grund hierfür ist die Vielzahl der widerstreitenden Interessen der verschiedenen Beteiligten, die in unterschiedlichen Richtungen an einer Decke ziehen, die tendenziell zu klein für alle ist. Dieses *essential* kann daher nicht mehr als einen Überblick geben und keine Beratung in einer Krisensituation durch einen Experten ersetzen.

Krisenphasen eines Unternehmens 2

Eine einheitliche Definition der Krise existiert nicht. Ökonomen sehen in einer Krise ungeplante und ungewollte, zeitlich begrenzte Prozesse, die in der Lage sind, den Fortbestand der Unternehmung substanziell zu gefährden oder sogar unmöglich zu machen. Der Bundesgerichtshof (BGH) knüpft zur Auslegung des Begriffes an die Kreditwürdigkeit an und sieht das Unternehmen in der Krise, wenn ein außenstehender, vom betroffenen Unternehmen unabhängiger Dritter keinen Kredit mehr zu marktüblichen Bedingungen gewähren würde und ohne Kapitalzufuhr das Unternehmen hätte liquidiert werden müssen. Die Krise tritt jedoch jedenfalls nicht erst bei Insolvenzreife ein. Gleichwohl sind in zahlreichen gesetzlichen Regelungen Konsequenzen an das Vorliegen unterschiedlicher Merkmale geknüpft, die auf das Vorliegen einer Krise hinweisen. Zudem ist mit dem Vorliegen einer Krise regelmäßig die Gefahr verbunden, dass die Insolvenz eintritt. Die Geschäftsführung muss also den Eintritt der Krise erkennen, um zum einen ihren jeweiligen gesetzlichen oder etwa gesellschaftsvertraglichen Pflichten genügen und nach Möglichkeit gegensteuern zu können.

Jedes Unternehmen und jede Krise unterscheiden sich. Das Institut der Wirtschaftsprüfer hat Anforderungen an die Erstellung von Sanierungskonzepten (IDW S 6) aufgestellt und verweist in dem Zusammenhang auf den folgenden typischen Krisenverlauf von Unternehmen und deren Möglichkeiten der Beseitigung. Die Erfüllung des sogenannten IDW S 6-Standards wird zudem häufig von Banken bei der Vergabe von Sanierungskrediten vorausgesetzt und ist deswegen von erheblicher praktischer Relevanz. Auch wenn oft behauptet wird: *„Wenn ein Unternehmen noch Zeit und Geld für die Erstellung eines IDW S6-Gutachten hat,* das regelmäßig stärker als 200 Seiten ist und meist sehr kostenintensiv von einer Wirtschaftsprüfungskanzlei erstellt wird, *ist es noch nicht pleite",* sind die Grundsätze jedoch geeignet, um sich dem Thema zu nähern und die Situation des eigenen Unternehmens zu hinterfragen und zu analysieren. Die angemessene

© Springer Fachmedien Wiesbaden GmbH 2018
C. Köhler-Ma et al., *Compliance in der Unternehmenskrise,*
essentials, https://doi.org/10.1007/978-3-658-20261-3_2

Reaktion auf eine eingetreten Krise und die Maßnahmen zur Beseitigung können im Rahmen dieses *essentials* lediglich sehr allgemein dargestellt werden und sind im Ergebnis Auszüge aus allgemeinen ökonomischen Grundsätzen.

2.1 Typischer Krisenverlauf nach IDW S6

2.1.1 Stakeholderkrise

Eine Stakeholderkrise wird angenommen, wenn Konflikte unter den Stakeholdern (Unternehmensleitung und Überwachungsorgane, Gesellschafter, Arbeitnehmer, finanzierende Banken) – speziell über die Grundsätze der Unternehmensführung – bestehen. Solche Konflikte führen regelmäßig zu Reibungsverlusten und Blockaden. Notwendige Entscheidungen werden bei Vorliegen einer Stakeholderkrise nicht oder nur unzureichend getroffen.

2.1.2 Strategiekrise

Das Vorliegen einer Stakeholderkrise verhindert häufig die erforderliche Neuausrichtung eines Unternehmens. Infolgedessen kommt es zum Entstehen struktureller Defizite im Unternehmen. Die Folge sind oft eine unzureichende Kundenorientierung, mangelnde Einschätzung der Wettbewerbsentwicklung, ineffektive Innovationen und Investitionen, was zum Entstehen einer Strategiekrise führt. Sinkende Marktanteile sind die Folge.

2.1.3 Produkt- und Absatzkrise

Die Produkt- und Absatzkrise liegt vor, wenn die Nachfrage nach den Kernprodukten des Unternehmens nicht nur vorübergehend stark zurückgeht. Nachfragerückgänge, Preisverfall, Kostensteigerungen sind die Folge. Es kommt zu einem Anstieg der Vorratsbestände und eine Unterauslastung tritt ein.

2.1.4 Erfolgskrise

Durch die Produkt- und Absatzkrise entstehen starke Gewinnrückgänge, die Ergebnisse verschlechtern sich, das Eigenkapital wird aufgezehrt. Das Unternehmen gerät in die sogenannte Erfolgskrise und wird sukzessive kreditunwürdig.

2.1.5   Liquiditätskrise

Wenn das Stadium der Erfolgskrise weiter fortschreitet und sich Gewinnrückgänge und Ergebnisverschlechterung weiter verschärfen, so geht damit regelmäßig auch eine massive Reduzierung der liquiden Mittel einher. Das Unternehmen gerät in eine Liquiditätskrise und ist in seiner Existenz bedroht, ein Insolvenzrisiko besteht.

2.1.6   Insolvenzreife

Die Liquiditätskrise endet im Insolvenzgrund der Zahlungsunfähigkeit (hierzu nachfolgend unter Abschn. 3.6.1). Diese (drohende) Zahlungsunfähigkeit führt zudem praktisch immer zu einer negativen Fortführungsprognose, die in der Regel den Insolvenzgrund der Überschuldung indiziert (hierzu nachfolgend unter Abschn. 3.6.2). Zahlungsunfähigkeit und/oder Überschuldung ziehen schließlich die strafbewehrte Insolvenzantragspflicht der Geschäftsleitung nach sich (hierzu nachfolgend unter Abschn. 3.6.3) und das Unternehmen muss einen Insolvenzantrag stellen. Hat das Unternehmen sämtliche dieser Krisenstufen weitestgehend ohne Einleitung von wirksamen Gegenmaßnahmen durchlaufen, so ist es zudem bei Erreichen der Insolvenzreife häufig nur noch sehr schwer möglich, den Geschäftsbetrieb in einem Insolvenzverfahren zumindest in Teilen zu retten. Im Hinblick auf die hier betrachtet Frage der Compliance in der Unternehmenskrise ist dies aus Sicht der Geschäftsleitung sicherlich das denkbar schlechteste Ergebnis für die Interessen der am Unternehmen beteiligten Stakeholder.

2.2   Fallbeispiel „Krisenverlauf"

Beispiel

Gebrüder B sind Gesellschafter der Tischlerei T GmbH, die seit 20 Jahren erfolgreich das Modell „Stuhl-4-Bein" produziert und vertreibt. 2010 gerät der Dreibeinstuhl in Mode und Sitzbänke werden für die Kunden immer attraktiver. Der eine Bruder hält den Dreibeinstuhl für eine kurzfristige Modeerscheinung, befürwortet jedoch die Erweiterung der Produktionslinie um Sitzbänke. Der andere Bruder hingegen möchte in eine Produktionslinie für einen Dreibeinstuhl investieren, erachtet jedoch die Produktion von Sitzbänken für strategisch nicht sinnvoll. Geschäftsführer G positioniert sich nicht klar, Betriebsleiter B hält die Produktion eines neuen Stuhlmodells für überlebensnotwendig und strebt eine Marketingoffensive an. Einigung kann nicht erzielt werden. Strategische Entscheidungen werden nicht getroffen.

Die Uneinigkeit zwischen den Gesellschaftern und die Passivität des Geschäftsführers führten zur Stakeholderkrise, die unterbliebene aber erforderliche strategische Neuausrichtungen des Unternehmens sodann zur Strategiekrise. Diese mündet bei weiterer Untätigkeit zwangsläufig in eine Produkt- und Absatzkrise, denn der Markt für Vierbeinstühle ist kleiner geworden, Kunden verlangen verstärkt nach Dreibeinstühlen und Sitzbänken. Die Absatzkrise leitet in die Erfolgskrise: sinkender Umsatz bei gleichbleibenden Kosten vermindern den Gewinn. Stetige Verluste zehren das Eigenkapital auf. Eine hieraus resultierende, anhaltende Liquiditätskrise führt schließlich zur Insolvenzreife, Zahlungsunfähigkeit und/oder Überschuldung treten ein.

2.3 Maßnahmen zur Krisenbewältigung

Ist tatsächlich jede Krise auf Managementfehler zurückzuführen? Sicherlich gibt es Fälle unverschuldeter Krisen infolge von Fremdeinwirkung (Chemietank explodiert wegen schadhaften Behälters). In den meisten Fällen beginnen die Kausalketten jedoch bei der Geschäftsführung, die alle Geschäftsbereiche zu verantworten hat. Duldet sie etwa einen durch einen leitenden Mitarbeiter schlecht geführten, defizitären Teilbereich, kann der Vorwurf mangelnder operativen Leitung zwar nicht unmittelbar erhoben werden, jedoch hätte die mittlere Führungsebene in diesem Bereich ausgetauscht werden müssen.

Krisen haben jedoch meist komplexe Ursachen und sind das Produkt verschiedener Faktoren, Ereignisse und Kausalverläufen. Die nachhaltige Überwindung der Krise setzt also eine tief gehende Analyse voraus, beginnend mit der akuten Krise und dann schrittweise zu den Ursachen rückschreitend.

2.3.1 Beseitigung der Insolvenzreife

Ist in Bezug auf das Unternehmen bereits die Insolvenzreife eingetreten, so hat die Beseitigung der Zahlungsunfähigkeit in der Praxis die höchste Priorität. Denn zum einen bleibt die Überschuldung vor Eintritt der Zahlungsunfähigkeit von der Geschäftsführung meist unerkannt. Zudem lässt sich durch Wiederherstellung der Zahlungsfähigkeit regelmäßig auch die positive Fortführungsprognose begründen, was auch den Tatbestand der Überschuldung entfallen lässt (dazu nachfolgend unter Abschn. 3.6.2).

Die Zahlungsfähigkeit kann wiederhergestellt werden, indem der Gesellschaft etwa frisches Geld zugeführt oder Stundungsabreden/Verzichtserklärungen von Gläubigern abgegeben werden.

Eine bilanzielle Überschuldung lässt sich ebenfalls durch Kapitalzufluss, aber auch durch Abschneiden von Verbindlichkeiten auf der Passivseite der Bilanz beseitigen. Im Übrigen und wie bereits ausgeführt, kann über ausreichende Liquiditätszufuhr die positive Fortführungsprognose wiederhergestellt werden, um die Überschuldung zu überwinden.

2.3.2 Überwinden der Liquiditätskrise

Befindet sich die Gesellschaft in einer Liquiditätskrise, so lässt sich diese durch Zuführung von Liquidität etwa in Form von Eigenkapital, Gesellschafterdarlehen, einer neuen Bankfinanzierung, durch Lieferantenkredite oder den Einstieg eines Investors zur Umsetzung eines betriebsinternen Sanierungskonzepts beseitigen und die Sanierung finanzieren. Zusätzlich kann durch weitere Maßnahmen Liquidität gewonnen werden. Beispielhaft seien hier die Optimierung des Lagerbestands, ein Sale-and-Lease-Back der Betriebsimmobilie oder des Maschinenparks, die Verkürzung von Forderungslaufzeiten oder die Verlängerung von Zahlungszielen genannt.

2.3.3 Überwinden der Erfolgskrise

Der Erfolgskrise kann nicht ausschließlich durch frisches Kapital begegnet werden. Der Turnaround wird regelmäßig nur durch tiefer gehende Sanierungsmaßnahmen erreicht werden. In Betracht kommen: die Aufgabe von Geschäftsbereichen, die Herstellung von Synergieeffekten z. B. durch Bildung von Konzernstrukturen, die Verbesserung der Wertschöpfungskette, die Erhöhung der Fertigungstiefe, ein Out- oder Insourcing, die Verbesserung der Kostenstruktur z. B. durch Personalabbau oder die Reduzierung der Löhne- und Gehälter, Verhandlungen mit Lieferanten, die Senkung der Lagerkosten oder die Reduzierung der Ausschussquote.

2.3.4 Überwinden der Produkt- und Absatzkrise

Einer nur vorübergehenden Produkt- und Absatzkrise, wie etwa im Baugewerbe in den Wintermonaten, kann z. B. mit Kurzarbeit in den schwierigen Monaten oder mit Leiharbeit in den starken Monaten entgegengewirkt werden.

Eine anhaltende Produkt- und Absatzkrise ist näher zu untersuchen. Ist das Produkt wettbewerbsfähig, so liegt das Problem wahrscheinlich im Bereich von Vertrieb und Marketing, die dann zu stärken sind. Ist die Krise hingegen auf die Leistung des Unternehmens zurückzuführen, gilt es, die Schwachstellen zu finden und zu beseitigen, beispielsweise durch Steigerung der Qualität der Produkte oder der Lieferzuverlässigkeit. Gegebenenfalls sind die Preise an den Markt anzupassen oder konkurrenzfähige Produkte zu entwickeln.

2.3.5 Überwinden der Strategiekrise

Die Beseitigung der Strategiekrise soll zur langfristigen Wettbewerbsfähigkeit des Unternehmens führen. Das sog. Leitbild des Unternehmens ist zu hinterfragen und anzupassen. Das Ziel ist die nachhaltige profitable Unternehmensentwicklung. Produkt-Markt-Strategien, die den langfristigen Erfolg sichern, müssen entwickelt werden: Sind meine Produkte in den kommenden Jahren vom Kundenkreis gefragt? In welche Richtung entwickelt sich der Markt? Mit welchen Wettbewerbern ist zu rechnen?

2.3.6 Beseitigung der Stakeholderkrise

Zurück zum Fallbeispiel der Tischlerei T GmbH. Die Gesellschafter sind sich über maßgebliche, wegweisende Unternehmensentscheidungen uneins. Der Geschäftsführer bezieht keine klare Position. Unzufriedenheit und Unsicherheit herrschen, Blockaden entstehen. Hier obläge es der Geschäftsleitung und den Aufsichtsorganen, zwischen den Beteiligten zu vermitteln, Probleme und potenzielle Kompromisse aufzuzeigen und einen Konsens zu erreichen. Ein einheitliches Leitbild und gemeinsame Ziele sind zu erarbeiten.

Den Inhabern des Unternehmens (sofern personenverschieden) obliegt es, die Geschäftsleitung mit hierfür fähigen Personen zu besetzen und sich nicht gegenseitig zu blockieren.

Unternehmensleitung in der Krise 3

3.1 Wann hole ich die Gesellschafter ins Boot?

In dem oben unter Abschn. 2.2 aufgeführten Fallbeispiel der Tischlerei T GmbH sind die Gesellschafter nah am unternehmerischen Geschehen und nehmen Einfluss auf die Geschäftsführung und die operative Tätigkeit. In Fällen der Fremdgeschäftsführung mit passiven Gesellschaftern hingegen stellt sich die Frage der Informationspflichten des Geschäftsführers.

Geschäftsführer neigen in der Regel nicht dazu, Unternehmenssituationen, die sie zu verantworten haben, schlecht darzustellen und Gesellschafter, die über das Schicksal der Geschäftsleitung entscheiden, unnötig nervös zu machen. Sofern die Gesellschafter jedoch von ihren Informationsrechten Gebrauch machen oder aber die Geschäftsleitung – wie üblich – die Gesellschafter sonst über die Entwicklung des Geschäftsbetriebs informieren, bleibt ein Krisenverlauf zumeist nicht unerkannt. Spätestens bei Eintritt einer Erfolgskrise und Ausbleiben der erwarteten Dividendenzahlung bzw. Gewinnausschüttung werden die Gesellschafter sich die Frage stellen, ob die Gesellschaft noch in ruhigem Fahrwasser ist.

Die Geschäftsleitung ist daher gut beraten, die Geschäftssituation stetig zu hinterfragen und so früh wie möglich auf (erwartete) Krisen hinzuweisen, und zwar auch außerhalb des normalen Geschäftsberichts. Gleichzeitig gehört es aber auch zu den Pflichten der Geschäftsleitung etwa nach § 43 Abs. 1 GmbHG, Maßnahmen zur Beseitigung einer Krise zu ermitteln und einzuleiten bzw. diese den Gesellschaftern vorzustellen, um darüber zu entscheiden.

Besonders problematisch ist es, die Gesellschafter erst bei Eintritt der Liquiditätskrise zu informieren, etwa wenn die Hausbank eine Erhöhung der bestehenden Kreditlinie bereits abgelehnt hat, weil das Unternehmen als kreditunwürdig

© Springer Fachmedien Wiesbaden GmbH 2018
C. Köhler-Ma et al., *Compliance in der Unternehmenskrise*,
essentials, https://doi.org/10.1007/978-3-658-20261-3_3

eingestuft worden ist. Die Gesellschafter stehen dann ad hoc vor der Entscheidung, die Gesellschaft mit frischem Kapital auszustatten oder zuzuschauen zu müssen, wie ihr Gesellschaftsanteil in einem Insolvenzverfahren voraussichtlich entwertet wird, ohne sich und ihre Finanzstruktur darauf vorbereiten zu können. In solchen Situationen sind gerichtliche und außergerichtliche Sanierungsverfahren nur noch schwer möglich, wenn nicht unmöglich. Der Geschäftsführer setzt sich hier dem Vorwurf aus, dass er in den Angelegenheiten der Gesellschaft die Sorgfalt eines ordentlichen Geschäftsmannes verletzt hat und er deswegen der Gesellschaft (und damit den Gesellschaftern) persönlich für den entstandenen Schaden haftet, § 43 GmbHG.

Ein weiterer Krisenindikator, der eine Beteiligung der Gesellschafter erfordert, liegt dann vor, wenn das Stamm- bzw. Grundkapital zu mehr als der Hälfte aufgebraucht ist. Die Geschäftsleitung ist in dem Fall verpflichtet, bei der GmbH eine Gesellschafterversammlung (§ 49 Abs. 3 GmbHG), bei der AG eine Hauptversammlung (§ 92 Abs. 1 AktG) bzw. bei der Genossenschaft eine Generalversammlung (§ 33 Abs. 1 GenG) einzuberufen und die Gesellschafter über diese Tatsache zu informieren.

3.2 Wie und wann sage ich es dem Kinde – Kommunikation mit den übrigen Stakeholdern

Je weiter fortgeschritten die Krise ist, desto schwieriger ist diese Frage zu beantworten. Die Beseitigung der Stakeholder- und Strategiekrise setzt zwangsläufig eine offene Kommunikation und Lösungsfindung der Beteiligten voraus. Auch der Angriff der Produkt- und Absatz- sowie Erfolgskrise erfordert unternehmensinterne Strategien, die klar kommuniziert und umgesetzt werden müssen.

Spätestens ab Eintritt der Liquiditätskrise begibt sich der Geschäftsführer jedoch auf dünnes Eis. Gelingt die außergerichtliche Sanierung, hat er das Eis verlassen. Scheitert die Sanierung und muss der Geschäftsführer Insolvenzantrag stellen, sieht er sich unter Umständen erheblichen strafrechtlichen und zivilrechtlichen Haftungsansprüchen ausgesetzt.

> **Beispiel**
>
> Unternehmen U ist nicht zahlungsunfähig, befindet sich jedoch in einer Liquiditätskrise. Sanierungsmaßnahmen werden gesucht. Die Sanierung scheitert. Der Insolvenzverwalter stellt fest, dass das Unternehmen bereits sechs Monate vor Antragstellung drohend zahlungsunfähig war. Denn ein Finanzplan, der belegt, dass das Unternehmen seine Zahlungsfähigkeit im laufenden

und kommenden Geschäftsjahr behalten wird, existiert nicht. Im Gegenteil, in der Rückschau ist der Sachverhalt klar: Das Unternehmen hatte z. B. seinen Hauptkunden verloren, bemühte sich zwar um eine Sanierung, ein Ausweg aus der Krise war jedoch nicht klar ersichtlich. Die hierdurch eingetretene drohende Zahlungsunfähigkeit führt zum Wegfall der positiven Fortbestehensprognose, die oftmals zur Überschuldung führt. Denn die Vermögensgegenstände des Unternehmens sind fortan nicht mehr zu Fortführungs-, sondern zu Liquidationswerten zu aktivieren.

Der Geschäftsführer haftet nach Eintritt der Überschuldung, die u. U. monatelang zurückliegt, gemäß § 64 S. 1 GmbHG für sämtliche Auszahlungen des Unternehmens (ohne dass mit korrespondierenden Einnahmen saldiert wird!), es sei denn, die Auszahlungen sind mit der Sorgfalt eines ordentlichen Geschäftsmannes vereinbar (dazu gleich unter Abschn. 3.3). Diese Vereinbarkeit muss er beweisen. Dies gelingt regelmäßig mangels pflichtgemäßen Alternativverhaltens zumeist für die Zahlung von Sozialversicherungsbeiträgen der Arbeitnehmer. Es verbleibt jedoch ein erhebliches Haftungsvolumen für sonstige Zahlungen.

Das dargestellte Risiko kann im Stadion der drohenden Zahlungsunfähigkeit dadurch vermieden werden, dass die angestrebte Sanierung im Rahmen eines Eigenverwaltungsverfahrens unter Anordnung eines Schutzschirms durchgeführt wird (hierzu unter Abschn. 4.1).

Auch die Verhandlungen mit Lieferanten, Gläubigern und Banken über die Beseitigung einer Liquiditätskrise oder der Insolvenzreife bergen erhebliche Risiken für den Geschäftsführer. Oftmals zeigen alle Beteiligten zunächst guten Willen. Unisono wird behauptet, man werde das Unternehmen nicht im Stich lassen und stehe auch in schwierigen Zeiten zum langjährigen Geschäftspartner. Schlussendlich wird eine Liquiditätskrise durch die Vereinbarung von Moratorien und Forderungsverzichten aber erst beseitigt, wenn entsprechende Verträge unterschrieben sind. Dies ist ein langer Weg. Ändert nur ein Gläubiger seine Meinung, z. B. weil er sich darauf zurückzieht, dass seine Geschäftsleitung im letzten Moment die Zustimmung verweigert hätte, scheitert das Vorhaben. Insolvenzreife tritt ein, was zu den oben genannten Haftungsrisiken führt.

Werden im Rahmen der Liquiditätskrise oder der Beseitigung der Zahlungsunfähigkeit Beiträge Dritter erforderlich, ist der Geschäftsführer gut beraten, vorher zu überprüfen, bis wann die Maßnahmen umgesetzt werden müssen und diesen Zeitplan zur Vermeidung von Haftungsrisiken nicht auszuweiten.

3.3   Was darf ich überhaupt noch zahlen, wenn das Geld zur Neige geht?

Gerät ein Unternehmen in eine finanzielle Schieflage, sieht der Gesetzgeber die Verantwortung beim Geschäftsführer, die wenige Liquidität der Gesellschaft im Interesse der Gläubiger zusammenzuhalten. Er hat daher in § 64 GmbHG für die GmbH und in § 92 Abs. 2 AktG für die Aktiengesellschaft vorgesehen, das nach Eintritt der Zahlungsunfähigkeit oder Feststellung der Überschuldung im Grundsatz keine Zahlungen mehr erfolgen dürfen. Hiervon ausgenommen sind nur solche Zahlungen, die mit der Sorgfalt eines ordentlichen und gewissenhaften Geschäftsleiters vereinbar sind.

Für erfolgte Zahlungen, die gegen dieses Verbot verstoßen, haftet der Geschäftsführer privat und vollumfänglich, weswegen sich für den Geschäftsleiter die Frage aufdrängt, wann eine Zahlung mit der Sorgfalt eines ordentlichen und gewissenhaften Geschäftsleiters vereinbar ist.

Für einzelne Spezialtatbestände ist zwischenzeitlich durch eine Reihe von obergerichtlichen Entscheidungen weitestgehend geklärt, ob eine Zahlung mit der Sorgfalt eines ordentlichen und gewissenhaften Geschäftsleiters vereinbar ist. Hierzu zählt zum einen die Frage, ob und unter welchen Umständen Steuern auch bei Vorliegen einer Krise gezahlt werden können. Ferner gehört hierher das Problem der Zahlung von Sozialversicherungsbeiträgen. Für beide Themenkreise bestehen eine Reihe von Besonderheiten, weswegen diese nachfolgend unter Abschn. 3.4 und 3.5 noch einmal gesondert behandelt werden. An dieser Stelle sei nur bereits zusammenfassend und vorab vermerkt, dass für die Zahlung von Steuerverbindlichkeiten mittlerweile anerkannt ist, dass es einem Geschäftsführer nicht zugemutet werden kann, diese nicht zu zahlen, wenn er sich dadurch dem Risiko der persönlichen Haftung aus den §§ 34, 69 AO aussetzt. Die Rechtsprechung akzeptiert daher für den Fall der Zahlung der Lohnsteuer und der Umsatzsteuer, dass der Geschäftsführer sich in der Regel in einem Spannungsverhältnis mit dem Risiko einer persönlichen Haftung befindet, weswegen eine Zahlung dieser Steuer grundsätzlich als mit der Sorgfalt eines ordentlichen Geschäftsleiters vereinbar gesehen wird. Ähnlich verhält es sich mit der Zahlung der Arbeitnehmeranteile an den Sozialversicherungsbeiträgen. Wegen der Strafbarkeit der Nichtzahlung (§ 266a Abs. 1 StGB) wird auch hier die Zahlung regelmäßig als mit der Sorgfalt eines ordentlichen Geschäftsleiters vereinbar angenommen. Anders ist es jedoch bei den Arbeitgeberanteilen. Da hier die bloße Nichtzahlung noch nicht zur Strafbarkeit führt, resultiert aus einer gleichwohl erfolgten Zahlung in der Krise der Gesellschaft eine Haftung des Geschäftsführers.

Über diesen gerichtlich geklärten Bereich hinaus wird es aber schwierig festzulegen, wann eine Zahlung der Sorgfalt eines ordentlichen und gewissenhaften Geschäftsleiters entspricht, da die Abwägung immer im konkreten Einzelfall und anhand der vorliegenden Umstände getroffen werden muss. Es lässt sich aber eine Leitlinie über den Sinn und Zweck der Regelung entwickeln. Die Regelung dient dazu, in einer finanziell ohnehin schon schwachen Situation das vorhandene Vermögen nicht noch weiter zu schmälern. Deswegen sind tendenziell solche Zahlungen erlaubt, die das Vermögen der Gesellschaft nicht schmälern, sondern absehbar und zeitnah vermehren oder zumindest erhalten. So ist es etwa mit der Sorgfalt eines ordentlichen und gewissenhaften Geschäftsleiters vereinbar, wenn ein produzierendes Unternehmen die Rohstoffe kauft und zahlt, die es benötigt, um seine Waren zu produzieren, wenn davon auszugehen ist, dass diese auch tatsächlich (mit Gewinn) veräußert werden können. Nicht ohne weiteres gestattet ist hingegen die Begleichung rückständiger Rechnungen für Leistungen, die die Gesellschaft bereits in der Vergangenheit vereinnahmt hat.

Da die Entscheidung im Einzelfall nicht immer einfach zu treffen ist, sollte sich der Geschäftsführer hierbei im Zweifel der Hilfe eines externen Beraters bedienen. Denn kommt es hinterher doch zu einer Insolvenz, so trägt der Geschäftsführer die Beweislast dafür, dass die von ihm vor der Insolvenz getätigten Zahlungen mit der Sorgfalt eines ordentlichen Geschäftsleiters vereinbar waren.

3.4 Muss man Steuern immer zahlen?

Jedes am Wirtschaftsverkehr teilnehmende Unternehmen ist verpflichtet, regelmäßig seine Steuern zu zahlen und die entsprechenden Erklärungen gegenüber der Finanzverwaltung abzugeben. Es ist aber ein weit verbreiteter Irrglaube, dass die Steuerforderungen der Finanzverwaltung gegenüber anderen Verbindlichkeiten eines Unternehmens privilegiert sind und daher immer vorrangig zu zahlen sind. Dem ist nicht so. Steuern sind mit Verbindlichkeiten gegenüber Lieferanten, Arbeitnehmern oder sonstigen Vertragspartnern gleichrangig.

Es gibt jedoch eine Reihe von Besonderheiten, die beim Umgang mit Steuerverbindlichkeiten zu beachten sind.

3.4.1 Persönliche Haftung der Geschäftsleitung und Strafbarkeit

Eine aus Sicht der Geschäftsleitung entscheidende Besonderheit ist in den §§ 34, 69 AO geregelt. Aus diesen beiden Paragrafen folgt, dass Mitglieder der Geschäftsleitung eines Unternehmens persönlich dafür haften, dass die von ihnen geleitete Gesellschaft ihre steuerlichen Verbindlichkeiten erfüllt, wenn ihnen hinsichtlich der Nichtzahlung Vorsatz oder grobe Fahrlässigkeit vorgeworfen werden kann. Anders als bei gewöhnlichen Verbindlichkeiten endet bei Steuerverbindlichkeiten die Haftung dann nicht bei der Gesellschaft, auch wenn es sich um eine juristische Person mit beschränkter Haftung handelt.

Ebenfalls hierzu gehört die Besonderheit, dass die unterbliebene Erfüllung von Verpflichtungen aus dem Steuerschuldverhältnis eine strafbare Handlung darstellen kann. Dabei ist unbedingt zu beachten, dass die relevanten Straftatbestände in aller Regel nicht erst dann eingreifen, wenn Steuern nicht gezahlt werden. Die strafbare Handlung ist regelmäßig schon dann verwirkt, wenn der Finanzverwaltung gegenüber nicht die erforderlichen Erklärungen abgegeben und Angaben gemacht werden. Klassischer Fall hierbei ist die unterlassene Abgabe der Steuererklärung oder aber der Umsatzsteuervoranmeldung.

Beide genannten Punkte erwecken den Anschein, dass Mitglieder der Geschäftsleitung eines Unternehmens durch diese staatlichen Sanktionen angehalten werden, Steuerverbindlichkeiten so zu behandeln, als ob sie eben doch anderen Verbindlichkeiten gegenüber vorrangig wären.

3.4.2 Wichtige Grundsätze

Auch wenn Steuerverbindlichkeiten keinen Vorrang vor anderen Verbindlichkeiten genießen und daher gleichrangig mit allen anderen Verbindlichkeiten bezahlt werden müssen, hat der Bundesfinanzhof (BFH) einige Grundsätze entwickelt, die der Geschäftsführer berücksichtigen muss.

3.4.2.1 Grundsatz der Mittelvorsorge

Der erste zu beachtende Grundsatz ist der der Mittelvorsorge. Dabei geht es nicht um die Pflicht eines Unternehmens, sich die Mittel zur Begleichung seiner Steuerverbindlichkeiten zu beschaffen, wenn die Steuern fällig werden. Es geht vielmehr darum, dass der Geschäftsführer ganz allgemein keine Steuerpflichten auslösen darf, welche die Gesellschaft nicht bedienen kann. So muss die

Gesellschaft etwa aus vereinnahmten Zahlungen für erbrachte Lieferungen und Leistungen genügend Mittel zurückbehalten, um die damit verbundene Umsatzsteuerverbindlichkeit im Zeitpunkt der Fälligkeit begleichen zu können. Die Geschäftsleitung kann sich zu ihrer Entlastung nicht auf die Annahme berufen, dass die erforderlichen finanziellen Mittel im Zeitpunkt der Fälligkeit aus anderer Quelle beschafft werden können und vorliegen werden.

Der Grundsatz der Mittelvorsorge führt zu einer Vorverlagerung der Pflichten und damit auch der potenziellen Pflichtverletzung der Geschäftsleitung. Denn die Haftung knüpft nicht mehr an die Nichtzahlung der Steuer im Zeitpunkt der Fälligkeit an. Vielmehr liegt die Pflichtverletzung bereits in der mangelnden Vorsorge im Vorfeld der Steuerzahlungspflicht.

3.4.2.2 Grundsatz der anteiligen Tilgung

Daneben greift der Grundsatz der anteiligen Tilgung. Dieser Grundsatz besagt, dass die Geschäftsleitung zur Tilgung der Steuerschulden denjenigen Anteil der freien Mittel der Gesellschaft verwenden muss, der dem Anteil der Steuerschulden an der Gesamtverschuldung entspricht. Einfacher ausgedrückt: Wenn die Steuerschulden 10 % aller Schulden ausmachen, müssen 10 % von Zahlungen an die Gläubiger auf Steuerschulden geleistet werden. Verletzt die Geschäftsleitung diese Pflicht, so haftet sie persönlich für den Betrag, der bei Beachtung des Grundsatzes an das Finanzamt hätte gezahlt werden müssen.

3.4.2.3 Grundsatz der anteiligen Kürzung

Der Grundsatz der anteiligen Kürzung wiederum ist eine Sonderform des Grundsatzes der anteiligen Tilgung. Er greift bei sogenannten Quellensteuern, d. h. solchen Steuern, die am Ort und zum Zeitpunkt des Entstehens einer steuerpflichtigen Einnahme erhoben werden. Ein Beispiel hierfür ist die vom Arbeitgeber abzuführende Lohnsteuer. Sind nicht ausreichend finanzielle Mittel vorhanden, um den Bruttolohn in voller Höhe zu zahlen, so muss das Gehalt insgesamt so weit gekürzt werden, dass die vorhandenen Mittel ausreichend sind, um die auf den tatsächlich gezahlten, also den gekürzten Lohn anfallende Lohnsteuer abführen zu können.

Vertraut die Geschäftsleitung darauf, dass bis zur Fälligkeit der Lohnsteuer die erforderlichen Mittel zufließen werden, so ist sie persönlich dafür haftbar, wenn dieser Mittelzufluss ausbleibt und die Lohnsteuer bei Fälligkeit nicht gezahlt werden kann. Gerade diese Konstellationen können sich in der Praxis als besonders problematisch erweisen, da der BFH unter bestimmten Umständen selbst dann eine Pflicht zur Abführung der Lohnsteuer annimmt, wenn tatsächlich gar kein barer Zufluss beim Arbeitnehmer erfolgt ist.

3.5 Nächsten Monat kommt Geld, dann zahle ich die Krankenkassenbeiträge

Insbesondere wenn ein Unternehmen die ersten Phasen der Krise bereits durchschritten hat und sich der Liquiditätskrise nähert (vgl. dazu oben unter Abschn. 2.1.5), werden regelmäßig insbesondere die laufenden Fixkosten zu einer erheblichen Last, da diese gnadenlos auch dann anfallen und die Liquidität aufzehren, wenn sich keine neuen Aufträge und damit keine neuen Umsätze abzeichnen wollen. Regelmäßig bilden die Gehälter der Arbeitnehmer einen wesentlichen Block dieser fixen Kosten. Hinzu kommen die Lohnnebenkosten, d. h. insbesondere die Arbeitgeberanteile an den Sozialversicherungsbeiträgen, die sich in Deutschland im Moment durchschnittlich auf immerhin rund 21 % des Bruttolohns eines Arbeitnehmers belaufen.

Nicht nur die eigene praktische Tätigkeit, sondern auch die umfangreichen Fälle aus der Rechtsprechung zeigen, dass Unternehmen in einer finanziell schwierigen Situation dazu neigen, Liquidität zu sparen, indem sie die Sozialversicherungsbeiträge für die Arbeitnehmer nicht oder deutlich verspätet abführen. Zu diesen Beiträgen gehören die Beiträge zur Krankenversicherung, zur Pflegeversicherung, zur Rentenversicherung, zur Arbeitslosenversicherung und zur Unfallversicherung.

3.5.1 Vorenthalten der Arbeitnehmeranteile an den Sozialversicherungsbeiträgen

In § 266a Abs. 1 StGB wird das Vorenthalten der Beiträge der Arbeitnehmer zur Sozialversicherung unter Freiheitsstrafe von bis zu fünf Jahren oder Geldstrafe gestellt. Zwei Punkte sind hier herauszustellen.

Zum einen bezieht sich die Regelung nur auf das Vorenthalten der Arbeitnehmeranteile, nicht aber der Arbeitgeberanteile an den Sozialversicherungsbeiträgen (zu letzteren sogleich unter Abschn. 3.5.2).

Zum anderen genügt das reine Vorenthalten für die Erfüllung des Straftatbestands. Unter Vorenthalten versteht man das völlige oder teilweise Unterlassen der fälligen Zahlung. Dementsprechend ist eine Strafbarkeit grundsätzlich auch dann gegeben, wenn die Arbeitnehmeranteile nicht bei deren Fälligkeit, sondern zu einem späteren Zeitpunkt gezahlt werden. Im Übrigen ist das Vorliegen der Strafbarkeit auch unabhängig davon, ob dem Arbeitnehmer das Gehalt ausgezahlt wurde oder nicht.

Kein strafbares Vorenthalten liegt nur dann vor, wenn die Zahlung der Arbeitnehmeranteile zur Sozialversicherung dem Arbeitgeber entweder nicht möglich oder nicht zumutbar war. Eine Unmöglichkeit der Zahlung liegt dabei aber nur dann vor, wenn der Arbeitgeber aus tatsächlichen Gründen (z. B. Krankheit) oder aus rechtlichen Gründen (z. B. fehlende Zustimmung des vorläufigen Insolvenzverwalters im Insolvenzantragsverfahren) verhindert ist, die Zahlung durchzuführen.

3.5.1.1 Unmöglichkeit der Zahlung

Ein Fall der tatsächlichen Unmöglichkeit der Zahlung liegt im Grundsatz auch dann vor, wenn der Arbeitgeber zahlungsunfähig ist. Dafür ist es aber nicht ausreichend, dass der Arbeitgeber nicht die notwendigen finanziellen Mittel hat, um alle seine Verbindlichkeiten zu zahlen. Erforderlich ist vielmehr, dass der Arbeitgeber auch bei Außerachtlassung aller anderen Verbindlichkeiten nicht genügend Geld hat, um die – vorrangig – zu zahlenden Arbeitnehmerbeiträge zu zahlen. Allerdings wird in diesem Zusammenhang von den Gerichten auch auf vorgelagerte Tatbestände geschaut und eine Strafbarkeit bejaht, wenn der Arbeitgeber in pflichtwidriger Weise seine Zahlungsunfähigkeit herbeigeführt hat. Eine Strafbarkeit wird sogar dann bejaht, wenn im Vorfeld der Fälligkeit der Arbeitnehmerbeiträge zur Sozialversicherung andere Verbindlichkeiten gezahlt werden und die Liquiditätsprobleme zu diesem Zeitpunkt bereits erkennbar waren und durch wirtschaftlich vertretbare Maßnahmen hätten abgewendet werden können.

Allerdings ist der Arbeitgeber nicht verpflichtet, allein zur Ermöglichung der Zahlung der Arbeitnehmerbeiträge zur Sozialversicherung Maßnahmen zu ergreifen, die lediglich die Zahlungsunfähigkeit auf einen späteren Zeitpunkt verschieben oder gar rechtswidrig wären. Dementsprechend besteht zum Beispiel keine Pflicht, Vermögenswerte bei einer drohenden Zwangsvollstreckung zu verheimlichen, um daraus nachfolgend die Arbeitnehmerbeiträge zahlen zu können. Auch muss der Arbeitgeber keine neuen Kreditmittel aufnehmen, um seiner Zahlungspflicht nachzukommen, wenn er weiß, dass er diese Kreditmittel nicht wird zurückzahlen können.

3.5.1.2 Unzumutbarkeit der Zahlung

Darüber hinaus gehende Fälle, in denen die Zahlung der Arbeitnehmeranteile an den Sozialversicherungsbeiträgen zwar möglich, aber unzumutbar ist, lassen sich praktisch kaum feststellen. Es wird dem Arbeitgeber in aller Regel zumindest zumutbar sein, dem Träger der Sozialversicherung mitzuteilen, in welcher Höhe und warum eine fristgerechte Zahlung trotz ernsthaften Bemühens nicht möglich ist, was zu einem Absehen von Strafe führen kann (dazu sogleich unter

Abschn. 3.5.4). Dies zeigt aber im Umkehrschluss auch, dass es tatsächlich unzumutbare Zahlungen in der Praxis nicht geben wird.

3.5.1.3 Zahlung bei drohender Insolvenz

Wie verhält es sich aber mit der Strafbarkeit in einer Konfliktsituation, wo sich der Geschäftsführer etwa wegen § 64 S. 1 GmbHG bei Zahlung der Arbeitnehmerbeiträge dem Risiko einer persönlichen Haftung aussetzt (zu § 64 GmbHG allgemein oben unter Abschn. 3.3)? Diese Frage war lange Zeit umstritten, wurde aber mittlerweile im Interesse der betroffenen Geschäftsführer entschieden. Es ist nunmehr anerkannt, dass der Schutz der Sozialkassen in dieser Situation vorgehen soll, weswegen eine Zahlung der Arbeitnehmerbeiträge durch den Geschäftsführer mit der Sorgfalt eines ordentlichen Geschäftsmanns nach § 64 S. 3 GmbHG vereinbar ist und gezahlt werden darf bzw. muss. Die Zahlung der Arbeitnehmerbeiträge führt daher nicht zu einer persönlichen Haftung des Geschäftsführers, wenn die Zahlung nach Eintritt der Zahlungsunfähigkeit oder nach Feststellung der insolvenzrechtlichen Überschuldung erfolgt.

3.5.2 Vorenthalten der Arbeitgeberanteile an den Sozialversicherungsbeiträgen

Etwas anders verhält es sich im Hinblick auf ein Vorenthalten der Arbeitgeberanteile an den Sozialversicherungsbeiträgen. Zu den Arbeitgeberanteilen an den Sozialversicherungsbeiträgen gehören neben den entsprechenden Anteilen an den Kranken-, Pflege- und Rentenversicherungsbeiträgen sowie den Beiträgen zur Arbeitsförderung etwa auch die Beiträge zur gesetzlichen Unfallversicherung sowie die Beiträge zur Sozialversicherung bei geringfügig Beschäftigten.

3.5.2.1 Strafrechtlich relevantes Verhalten nur bei zusätzlicher Täuschung

Bei den Arbeitgeberanteilen wird die Nichtzahlung bzw. das Vorenthalten nicht per se unter Strafe gestellt. Eine strafbare Handlung wird nur dann verwirklicht, wenn vom Arbeitgeber entweder unrichtige oder unvollständige Angaben zu sozialversicherungsrechtlich erheblichen Tatsachen gemacht oder der Träger der Sozialversicherung über solche Tatsachen pflichtwidrig in Unkenntnis gelassen wird und infolge dessen die Arbeitgeberanteile an den Sozialversicherungsbeiträgen nicht gezahlt werden.

Während es bei den Arbeitnehmeranteilen also nur auf die reine Nichtzahlung ankommt, muss bei den Arbeitgeberanteilen auch eine Art Täuschungselement hinzutreten. Gegenstand der Täuschung müssen sozialversicherungsrechtlich erhebliche Tatsachen sein. Hierunter fallen sämtliche Tatsachen, von denen das Bestehen und die Bemessung des (Gesamt)Sozialversicherungsbeitrags abhängt. Eine gute Leitlinie für derartige Tatsachen findet sich in § 28a SGB IV, auch wenn die dort aufgeführten Meldepflichten – immerhin eine Liste mit 20 Punkten! – keinen abschließenden Katalog beinhalten.

Ebenso wie bei den Arbeitnehmeranteilen muss es auch bei den Arbeitgeberanteilen zu einem Vorenthalten der Beiträge gekommen sein. Dieses muss hier jedoch darauf beruhen, dass die Erhebungsstelle die Beiträge nicht oder nicht vollständig beansprucht, weil die sozialversicherungsrechtlich erheblichen Tatsachen unrichtig oder unvollständig waren, oder gar nicht gemacht wurden.

3.5.2.2 Zahlung bei drohender Insolvenz

Da bei den Arbeitgeberanteilen die bloße Nichtzahlung noch keine Strafbarkeit auslöst, besteht beim Geschäftsführer auch kein persönlicher Konflikt im Hinblick etwa auf die Regelung des § 64 S. 1 GmbHG. Denn wenn sich der Geschäftsführer bei drohender Zahlungsunfähigkeit an das Verbot von Zahlungen nach § 64 S. 1 GmbHG hält, riskiert er keine Strafbarkeit wegen des Vorenthaltens von Arbeitgeberbeiträgen.

Dementsprechend ist anerkannt, dass die Zahlung der Arbeitgeberbeiträge nach Eintritt der Zahlungsunfähigkeit oder Feststellung der Überschuldung regelmäßig zu einer persönlichen Haftung des Geschäftsführers für diese Beträge führt.

3.5.3 Scheinselbstständigkeit und Schwarzarbeit

Eine unangenehme Rückkoppelung entfaltet der Straftatbestand des Vorenthaltens von Sozialversicherungsbeiträgen im Rahmen der Beschäftigung sogenannter Scheinselbständiger. Von einer Scheinselbstständigkeit spricht man allgemein dann, wenn Erwerbstätige nach der Ausgestaltung ihrer Rechtsbeziehung wie Selbständige behandelt werden, tatsächlich jedoch wie abhängig Beschäftigte arbeiten und sich auch wegen ihrer sozialen Schutzbedürftigkeit nicht von diesen unterscheiden.

Da die strafrechtliche Regelung des § 266a StGB keine eigene Definition enthält, wer als Arbeitgeber einzuordnen ist, greift die Rechtsprechung hier regelmäßig auf den sozialrechtlichen Arbeitgeberbegriff zurück. Stellt daher etwa die Deutsche Rentenversicherung im Rahmen einer Betriebsprüfung fest, dass es sich bei an und für sich auf selbstständiger Basis beschäftigten Mitarbeitern um sogenannte Scheinselbständige und damit tatsächlich um Arbeitnehmer handelt, so folgt hieraus in der Regel nicht nur eine ganz erhebliche finanzielle Belastung in Form einer Nachzahlung der rückständigen Sozialversicherungsbeiträge. Sondern es führt auch dazu, dass sich die dann als Arbeitgeber identifizierte Person dem Vorwurf eines strafbaren Vorenthaltens von Arbeitsentgelten gemäß § 266a StGB ausgesetzt sieht.

Ähnlich verhält es sich bei sogenannter Schwarzarbeit. Denn ein strafbares Vorenthalten von Arbeitsentgelten im Sinne von § 266a StGB kann auch dann vorliegen, wenn etwa das gesamte Bruttogehalt an den Arbeitnehmer ausgezahlt wird, ohne dass die eigentlich zu zahlenden Sozialversicherungsbeiträge abgeführt werden. Damit fällt etwa der Fall der vereinbarten Schwarzarbeit unter den Straftatbestand des § 266a Abs. 1 StGB.

3.5.4 Absehen von Strafe

Der Gesetzgeber hat jedoch erkannt, dass es Situationen geben kann, in denen ein Arbeitgeber einen wirtschaftlichen Engpass hat. Würde man den Arbeitgeber auch in solchen Situationen mit der Drohung einer andernfalls begangenen strafbaren Handlung unabdingbar zur Zahlung der Sozialversicherungsbeiträge zwingen, würde dies das Unternehmen häufig wirtschaftlich ruinieren, auch wenn der Engpass nur vorübergehend ist. Dem Arbeitgeber wird daher in § 266a Abs. 6 StGB eine Brücke gebaut, indem das Gericht von einer Bestrafung absehen kann, wenn der Arbeitgeber spätestens bei Fälligkeit der zu zahlenden Sozialversicherungsbeiträge oder unverzüglich danach der Einzugsstelle mitteilt, in welcher Höhe er die Beiträge vorenthalten wird und begründet, warum ihm die Zahlung nicht möglich ist, obgleich er sich ernsthaft darum bemüht hat.

Zu beachten ist hier jedoch, dass von einer Strafe dann nicht abgesehen wird, wenn der Arbeitgeber seine Leistungsunfähigkeit durch ein früheres Verhalten bewusst herbeigeführt hat. Die Leistungsunfähigkeit muss in solchen Fällen tatsächlich aus einer unvorhergesehenen Situation herrühren, in der die vorhandenen Mittel nicht für die Sozialversicherungsbeiträge und andere Verbindlichkeiten reichten und die Zahlung von anderen Verbindlichkeiten vordringlich war, weil ohne deren Zahlung die Arbeitsplätze selbst oder aber der Bestand des Unternehmens gefährdet waren.

Zu erwähnen ist ferner, dass das Gesetz dem Gericht zunächst nur ein Ermessen einräumt, ob dieses von der Strafe absieht. Werden aber die nicht gezahlten Beiträge nach Mitteilung an die Einzugsstelle innerhalb einer von der Einzugsstelle festgesetzten, angemessenen Frist vollständig nachgezahlt, so muss das

Gericht eine etwa bereits ausgesprochene Strafe aufheben. Hat das Gericht noch nicht entschieden, so ist eine Bestrafung in dem Fall ausgeschlossen.

Bisher noch nicht gerichtlich entschieden ist die Situation, in der die nicht gezahlten Sozialversicherungsbeiträge innerhalb einer von der Einzugsstelle festgesetzten Frist vollständig gezahlt wurden, wenn der Arbeitgeber zuvor keine Anzeige und Begründung der Nichtzahlung übersandt hat. Deswegen sollte der Arbeitgeber die Nichtzahlung der Sozialversicherungsbeiträge auch dann anzeigen, wenn er erkennbar und sicher die Nachzahlung innerhalb eines überschaubaren Zeitraums leisten kann.

3.6   Ich habe doch noch drei Wochen Zeit, oder?

Gerät ein Unternehmen in die Krise, stellt sich für die Geschäftsleitung die Frage, unter welchen Umständen und vor allem wann sie einen Insolvenzantrag stellen muss. Sehr häufig hört man hier, dass ein Insolvenzantrag erst nach Ablauf von drei Wochen gestellt werden muss. Nur wann fangen diese drei Wochen an und sind es wirklich drei Wochen?

Das deutsche Insolvenzrecht kennt zwei Insolvenzgründe, deren Vorliegen bei juristischen Personen (AG, GmbH, Genossenschaft) zu einer gesetzlichen Verpflichtung der Geschäftsleitungsorgane führt, einen Insolvenzantrag zu stellen. Den juristischen Personen gleichgestellt sind auch alle Personengesellschaften (GbR, oHG und KG), bei denen keine natürliche Person eine unbeschränkte persönliche Haftung übernommen hat. Klassisches Beispiel hierfür ist etwa die GmbH & Co. KG. Bei den sogenannten zwingenden Insolvenzgründen handelt es sich um die Zahlungsunfähigkeit im Sinne des § 17 InsO und die Überschuldung im Sinne des § 19 InsO.

3.6.1   Zahlungsunfähigkeit

Eine Zahlungsunfähigkeit im Sinne des § 17 InsO liegt immer dann vor, wenn die liquiden Mittel (dies umfasst nur vorhandenes Barvermögen und Sichteinlagen) sowie die innerhalb von drei Wochen liquidierbaren Mittel (also alles, was innerhalb von drei Wochen in Barvermögen oder Sichteinlagen umgewandelt werden kann) nicht ausreichend sind, um 90 % der im Prüfungszeitpunkt fälligen Forderungen zu bezahlen. Es handelt sich um eine rein stichtagsbezogene Betrachtung. Dementsprechend kann ein Unternehmen durchaus an einem Tag nicht, am nächsten Tag aber sehr wohl zahlungsunfähig sein. Die drei-Wochen-Frist wird dabei strikt gesehen. Auch wenn der Geschäftsführer also weiß, dass in vier Wochen eine große Kundenforderung bezahlt werden wird, darf er diese Geldmittel nicht in die Zahlungsunfähigkeitsprüfung am heutigen Tag einbeziehen.

3.6.2 Überschuldung

Etwas schwieriger festzustellen ist die Überschuldung im Sinne des § 19 InsO. Diese liegt zunächst einmal vor, wenn das Vermögen der Gesellschaft nicht ausreichend ist, um dessen bestehende Verbindlichkeiten zu decken. Vereinfacht gesprochen muss die Aktivseite der Bilanz kleiner sein als die Passivseite der Bilanz unter Abzug der Eigenkapitalposition. Maßgeblich ist allerdings nicht die Handelsbilanz, sondern die sog. Überschuldungsbilanz. Die Überschuldungsbilanz unterscheidet sich von der Handelsbilanz dadurch, dass Vermögenswerte und Verbindlichkeiten so anzusetzen sind, wie sie sich im eröffneten Insolvenzverfahren gegenüber stünden. So sind zum Beispiel auf der Aktivseite alle stillen Reserven zu heben, da diese in der Insolvenz infolge einer Verwertung gehoben würden. Umgekehrt sind etwa aktive latente Steuern nicht anzusetzen, da aus ihnen regelmäßig kein Erlös erzielt werden kann. Auch Gesellschafterdarlehen müssen als Verbindlichkeiten mit berücksichtigt werden, es sei denn, diese sind mit einem Rangrücktritt versehen, der den Anforderungen des § 19 Abs. 2 InsO entspricht, also insbesondere erklärt, dass die Gesellschafterdarlehen erst nach den sonstigen nachrangigen Verbindlichkeiten gemäß § 39 Abs. 1 Nr. 1–5 InsO befriedigt werden sollen. Die Handelsbilanz kann daher nur als Indikator herangezogen werden. Sie ist aber regelmäßig nicht ausreichend, um eine Überschuldung im Sinne von § 19 InsO zu überprüfen.

Der § 19 InsO sieht allerdings eine Ausnahme für den Fall vor, dass die Fortführung des Unternehmens überwiegend wahrscheinlich ist. Hierbei handelt es sich um eine von der Geschäftsführung zu treffende Prognoseentscheidung. Die Wahrscheinlichkeit liegt regelmäßig vor, wenn die Geschäftsführung auf Basis der jeweils vorliegenden Informationen davon ausgehen durfte, dass die Gesellschaft im laufenden und im folgenden Geschäftsjahr über ausreichend finanzielle Mittel verfügt bzw. verfügen wird, um ihre Verbindlichkeiten jeweils bei deren Fälligkeit zahlen zu können. Wenn diese Prognoseentscheidung positiv ausfällt, kommt es auf die rechnerische Überschuldung nicht mehr an.

3.6.3 Die Drei-Wochen-Frist

Sind bei der kriselnden Gesellschaft die Voraussetzungen für einen der beiden genannten Insolvenzgründe erfüllt, hat die Geschäftsführung die gesetzliche Pflicht, einen Insolvenzantrag zu stellen und zwar unverzüglich, d. h. ohne schuldhaftes Zögern. Das Zuwarten von bis zu maximal drei Wochen ist ausnahmsweise nur dann erlaubt, wenn die Geschäftsführung aufgrund der ihr vorliegenden Informationen davon ausgehen durfte, dass der bestehende Insolvenzgrund mit überwiegender Wahrscheinlichkeit innerhalb von maximal drei Wochen beseitigt werden kann. Hatte die Geschäftsführung zunächst begründete Anhaltspunkte dafür, dass innerhalb der drei Wochen die benötigte Liquidität beschafft werden kann, etwa weil der Gesellschafter eine Zahlung innerhalb der Frist zugesagt hat, und fällt dieser Anhaltspunkt dann während der laufenden Frist weg, so muss der Insolvenzantrag sofort gestellt werden und ein weiteres Zuwarten ist nicht gestattet.

Hinzu kommt, dass die Maximalfrist von drei Wochen mit dem objektiven Vorliegen eines der beiden Insolvenztatbestände anfängt zu laufen. Unerheblich ist, wann die Geschäftsleitung davon erfährt. Dies ist insbesondere deswegen nicht zu unterschätzen, da ein Verstoß der Geschäftsleitung gegen die Pflicht zur unverzüglichen Stellung eines Insolvenzantrags sowohl zu einer persönlichen Haftung, als auch zu strafrechtlichen Sanktionen führen kann. Abgesehen von der verwirkten Strafe führt eine strafrechtliche Verurteilung wegen Insolvenzverschleppung zudem dazu, dass die betroffene Person für fünf Jahre nicht zum Geschäftsführungsorgan einer Gesellschaft bestellt werden kann.

Wichtig ist zudem, dass die gesetzliche Pflicht zur Stellung eines Insolvenzantrags jedes Mitglied der Geschäftsleitung individuell trifft. Sie ist weder abhängig von einer internen Aufgabenverteilung noch von der Ausgestaltung der Vertretungsbefugnis. Auch wenn die Gesellschaft sonst etwa nur von zwei Geschäftsführern gemeinsam vertreten wird, kann und muss jeder Geschäftsführer einzeln einen Insolvenzantrag stellen, wenn die Voraussetzungen dafür vorliegen. Und schließlich entlastet der Insolvenzantrag eines Geschäftsführers nicht die übrigen Geschäftsführer von ihrer eigenen Pflicht, selbst einen Insolvenzantrag zu stellen.

3.6.4 Kann ich mich durch Niederlegung meines Amtes schützen?

Die Pflicht zur Stellung eines Insolvenzantrags nach § 15a InsO trifft primär die Mitglieder der Vertretungsorgane, d. h. die Geschäftsleitung. Aus Sicht der Geschäftsleitung stellt sich daher die Frage, ob sie sich der Verantwortung und dem potenziellen Konflikt im Zusammenhang mit der Stellung eines Insolvenzantrags dadurch entziehen kann, dass sie ihr Amt niederlegt.

Die Amtsniederlegung ist gesetzlich nicht geregelt. Es besteht aber weitgehend Einigkeit darüber, dass ein Geschäftsführer auch ohne besondere Begründung berechtigt ist, sein Amt durch eine einseitige Erklärung niederzulegen. Mit einer solchen Amtsniederlegung geht zugleich die Beendigung der Stellung als Vertretungsorgan der Gesellschaft einher. Das Amt des Geschäftsführers endet (nicht jedoch zwingend auch der Anstellungsvertrag). Ebenfalls überwiegend anerkannt ist, dass eine Amtsniederlegung auch in der Krise einer Gesellschaft möglich und wirksam ist, weswegen ein Geschäftsführer, der sein Amt niedergelegt hat, z. B. keinen Insolvenzantrag mehr stellen kann.

Aber die Niederlegung des Amts entbindet den Geschäftsführer nicht von den Folgen einer bereits vorliegenden Pflicht zur Stellung eines Insolvenzantrags. Liegt also einer der beiden zwingenden Insolvenzantragsgründe (Zahlungsunfähigkeit oder Überschuldung) vor, so wäre es fatal, wenn ein Geschäftsführer sein Amt niederlegt. Er kann nach der Niederlegung seiner Pflicht nicht mehr nachkommen, weil er nicht mehr Vertretungsorgan ist. Gleichwohl haftet er für die Folgen der Verletzung dieser Insolvenzantragspflicht.

Im Übrigen ist darauf hinzuweisen, dass die Amtsniederlegung auch rechtsmissbräuchlich sein kann. Dies wird etwa dann angenommen, wenn ein Geschäftsführer sein Amt niederlegt, ohne zuvor einen neuen Geschäftsführer zu bestellen, und dieser Geschäftsführer alleiniger oder zumindest Mehrheitsgesellschafter der Gesellschaft ist. Die Niederlegung ist in diesem Fall unwirksam und die Pflichten des Geschäftsführers bleiben bestehen.

3.6.5 Insolvenzantragspflicht für Aufsichtsräte und Gesellschafter

Eine weitere Besonderheit gilt für den Fall, dass eine Gesellschaft führungslos ist. Führungslosigkeit liegt immer dann vor, wenn eine Gesellschaft kein Vertretungsorgan mehr hat. Dies kann etwa dann der Fall sein, wenn die Bestellung des

Geschäftsführers unwirksam ist. Nicht ausreichend für eine Führungslosigkeit ist, wenn der Geschäftsführer nicht erreichbar ist. Ist der Geschäftsführer aber etwa „abgetaucht", so ist zu erwägen, ob damit das Geschäftsführeramt konkludent niedergelegt wurde, was zu einer Führungslosigkeit führen kann.

Ist eine Gesellschaft hiernach führungslos, so geht die gesetzliche Pflicht zur Stellung des Insolvenzantrags bei einer GmbH auf jeden einzelnen Gesellschafter, bei der Aktiengesellschaft und der Genossenschaft auf jedes einzelne Aufsichtsratsmitglied über. Die Insolvenzantragspflicht ist hier mit den gleichen Sanktionen wie bei dem Geschäftsführer bewehrt, sodass sich auch der Gesellschafter einer führungslosen GmbH wegen Insolvenzverschleppung strafbar machen kann.

Voraussetzung für diese so genannte sekundäre Insolvenzantragspflicht ist jedoch, dass der Gesellschafter bzw. das Aufsichtsratsmitglied vom Vorliegen des Insolvenzgrundes und der Führungslosigkeit Kenntnis hatte.

3.7 Mein Gesellschafter droht mit einer Schadensersatzklage

Gerät eine Gesellschaft in die Krise, kann dies für deren Geschäftsleitung zu einem Interessenkonflikt führen. Dieser resultiert daraus, dass sich die Geschäftsleitung einerseits dem Risiko der persönlichen und strafrechtlichen Haftung aussetzt, wenn sie einen Insolvenzantrag nicht oder zu spät stellt. Dem stehen die in der Regel gegenläufigen Interessen der Gesellschafter entgegen, die mit der Stellung eines Insolvenzantrags den Verlust des Wertes ihrer Beteiligung befürchten. Die Geschäftsleitung befindet sich daher in der unangenehmen Lage, dass sie sich einer Haftung sowohl für den Fall ausgesetzt sieht, dass sie einen Insolvenzantrag zu spät stellt, als auch für den Fall, dass sie diesen zu früh stellt. Dieser Konflikt verstärkt sich häufig noch dadurch, dass die Gesellschafter beginnen, Druck auszuüben und mit Schadensersatzklagen drohen, wenn der Geschäftsführer einen Insolvenzantrag stellen sollte.

Um sich in einer solchen Situation zu schützen, ist es jedem Geschäftsleiter unbedingt anzuraten, sich bei einer Krise um einen eigenen (rechtlichen) Berater zu bemühen. In der Regel hat die Gesellschaft einen eigenen rechtlichen Berater. Dieser ist aber eben der Gesellschaft verpflichtet, weswegen er in einer Krise der Gesellschaft nicht auch gleichzeitig die Geschäftsleitung beraten kann. Genau genommen darf er dies aus standesrechtlichen Gründen wegen der potenziell widerstreitenden Interessen von Gesellschaft, Gesellschaftern und Geschäftsleitung auch nicht. In der Regel sollte den Gesellschaftern daran gelegen sein, dass ihr Geschäftsführer gerade in einer Krisensituation die Nerven behält, weswegen es auch in ihrem Interesse ist, wenn dieser einen eigenen rechtlichen Berater hat, der dem Geschäftsführer bei Fragen und Unsicherheiten zur Seite steht.

Neben der Betreuung durch einen eigenen rechtlichen Berater ist es zudem anzuraten, sich gegen die Haftungsrisiken eines Geschäftsführers nicht nur im Rahmen einer Unternehmenskrise zu versichern. Hierfür werden von spezialisierten Versicherungsunternehmen sogenannte Directors & Officers Versicherungen (auch kurz D&O Versicherung genannt) angeboten. Diese schützt zwar nicht vor den angesprochenen strafrechtlichen Risiken, kann aber zumindest die zumeist unmittelbarer drohenden zivilrechtlichen Haftungsrisiken abdecken, damit sich die Unternehmenskrise nicht auch zu einer privaten Liquiditätskrise des Geschäftsführers entwickelt.

3.8   Weitere Todsünden in der Unternehmenskrise

Als wären die vorstehend beschriebenen Anforderungen an die Geschäftsleitung eines Unternehmens in der Krise nicht schon komplex genug, hat der Gesetzgeber im Strafgesetzbuch (StGB) einen eigenen Abschnitt mit dem Titel „Insolvenzstraftaten" aufgenommen. Die einzelnen Tatbestände finden sich in den §§ 283 ff. StGB und unterscheiden grob gesprochen drei verschiedene Arten von strafbaren Handlungen.

3.8.1   Wegschaffen und Verschleudern von Vermögen

Wie schon zuvor erwähnt, hat der Gesetzgeber in der Krise eines Unternehmens der Geschäftsleitung die Verantwortung dafür übertragen, dass das wenige vorhandene Vermögen nicht noch weiter zulasten der Gläubiger verringert wird. In § 283 StGB (Bankrott) hat der Gesetzgeber bestimmte Arten einer solchen Vermögensverringerung unter Strafe gestellt, da diese als besonders schädlich gegenüber den Gläubigern angesehen werden.

Zunächst zu nennen ist hier das Beiseiteschaffen oder Verheimlichen von Vermögensgegenständen. Beiden Handlungsalternativen gemein ist, dass die Geschäftsleitung Vermögensgegenstände, die im Falle einer Insolvenz den Gläubigern zur Befriedigung ihrer Forderungen zur Verfügung stünden, so beiseiteschafft bzw. dem Zugriff der Gläubiger entzieht, dass eben diese Möglichkeit der Befriedigung zumindest erheblich erschwert wird.

In die gleiche Richtung geht es, wenn die Geschäftsleitung solche Vermögensgegenstände zwar nicht beiseiteschafft, sie aber einfach zerstört, beschädigt oder sonst unbrauchbar macht. Auch hierdurch wird der Wert von Vermögensgegenständen vernichtet, der andernfalls zur Befriedigung der Gläubiger zur Verfügung stünde, weswegen auch das Zerstören, Beschädigen oder sonst Unbrauchbarmachen unter Strafe steht.

Unter den Tatbestand des Bankrotts fällt es ferner, wenn die Geschäftsleitung Vermögenswerte zulasten der Gläubiger vernichtet, indem es diese einem besonders hohen Risiko aussetzt oder sie sonst verschleudert. Deswegen ist es unter Strafe gestellt, wenn die Geschäftsleitung Verlust-, Spekulations- oder Differenzgeschäfte eingeht, die nicht mehr einem ordnungsgemäßen Geschäftsbetrieb entsprechen und daher in besonderem Maße einem Verlustrisiko ausgesetzt sind. Wann ein solches Geschäft nicht mehr dem ordnungsgemäßen Geschäftsgang entspricht, wird man nur im konkreten Einzelfall entscheiden können. Aber man wird sicherlich feststellen können, dass ein riskantes Optionsgeschäft bei einem Handwerksbetrieb eher nicht, bei einem Devisenhändler aber unter Umständen schon dem gewöhnlichen Geschäftsgang entspricht.

Und schließlich ist auch der übermäßige Verbrauch von Werten durch Spiel, Wette oder das Tätigen von unwirtschaftlichen Ausgaben unter Strafe gestellt. Stoßrichtung ist hier ebenfalls das Verbot, Vermögenswerte durch Eingehen übermäßiger Risiken zulasten der Gläubiger zu gefährden.

3.8.2 Verstoß gegen Buchhaltungspflichten

Der Gesetzgeber hat es ferner unter Strafe gestellt, wenn die Geschäftsleitung einer Gesellschaft gegen die gesetzlichen Pflichten zur Führung von Handelsbüchern verstößt. Sanktioniert ist nur ein Verstoß gegen die handelsrechtlichen, nicht aber die steuer- oder gewerberechtlichen Pflichten.

Hintergrund der Regelung ist, dass die Einhaltung der Buchhaltungspflichten und insbesondere das externe Rechnungswesen (dieses bildet die finanzielle Situation des Unternehmens nach außen ab und umfasst unter anderem die Buchführung, das Inventar und den Jahresabschluss) auch den Geschäfts- und Vertragspartnern des Unternehmens dient, um diesen einen Überblick über die wirtschaftliche Situation des Unternehmens zu vermitteln. Ein Verstoß gegen diese Pflichten kann dazu führen, dass dem Geschäfts- oder Vertragspartner ein falsches Bild vermittelt wird und ist daher sanktioniert, wenn der Pflichtenverstoß die Übersicht über den Vermögensstatus erschwert.

Zu beachten ist hierbei, dass nicht nur eine komplett fehlende Einhaltung der Buchhaltungspflichten bestraft wird. Ausreichend ist auch eine lediglich mangelhafte Buchführung oder eine nachträgliche Veränderung der zunächst ordentlich geführten Bücher.

3.8.3   Begünstigung einzelner Personen

Und letztlich finden sich im Abschnitt „Insolvenzstraftaten" auch noch Straftatbestände, die die Begünstigung einzelner Personen unter Strafe stellen. Aus Sicht der Geschäftsleitung eines kriselnden Unternehmens ist hier vor allem der Tatbestand der Gläubigerbegünstigung relevant. Eines der mit dem Insolvenzverfahren verfolgten Ziele ist das Ziel der gleichmäßigen Gläubigerbefriedigung. Das einfachste Beispiel hierfür ist die Insolvenzquote. Alle Insolvenzgläubiger, die nicht aufgrund eines Sicherungsrechts eine besondere Position haben, erhalten im Insolvenzverfahren eine anteilige Befriedigung in Form der Insolvenzquote. Diese ist für alle Gläubiger gleich, sodass jeder Gläubiger einen Anteil an der Insolvenzmasse erhält, der dem Verhältnis des Betrags der eigenen Forderung zum Gesamtbetrag aller Insolvenzforderungen entspricht.

Gegen diese Intention des Gesetzgebers verstößt die Geschäftsleitung, wenn sie einzelne Vermögensgegenstände zwar nicht beiseiteschafft oder zerstört, sie aber einem einzelnen Gläubiger (etwa dem besonders drängelnden Lieferanten) zur Befriedigung seiner Forderung überlässt, sodass dieser Vermögenswert nicht mehr für die gleichmäßige Befriedigung aller Gläubiger zur Verfügung steht.

3.8.4   Sonstige Straftatbestände

Bei den vorstehend unter Abschn. 3.8.1 bis 3.8.3 aufgeführten Punkten handelt es sich aber keinesfalls um eine abschließende Liste der Straftatbestände, die ein Geschäftsleiter in der Krise begehen kann. Es sind nur solche, die einen besonderen Bezug zu einer Krisensituation haben. Daneben gibt es eine Vielzahl weiterer, potenziell in Betracht kommender Delikte. Neben der ebenfalls strafrechtlich bewehrten Insolvenzverschleppung selbst seien hier nur beispielhaft die Stichworte Betrug und Untreue genannt. Es würde jedoch den Rahmen dieses *essentials* sprengen, auch auf diese Taten noch im Detail einzugehen. Wir müssen uns daher insofern auf den allgemeinen Hinweis beschränken, dass gerade bei Vorliegen einer Krise ein sorgfältiger Umgang mit dem begrenzten vorhandenen Vermögen geboten ist. Dies bezieht sich sowohl auf eine unnötige bzw. irreguläre

Verkürzung der Aktivseite der Bilanz (Abbau von Vermögenswerte) als auch eine entsprechende Verlängerung der Passivseite der Bilanz (Aufbau von Verbindlichkeiten).

Insolvenzverfahren und Sanierung 4

Wie eingangs ausgeführt, ist es das Ziel dieses *essentials,* einen Überblick zum Thema Compliance in der Unternehmenskrise zu geben. Versteht man das Thema Compliance in diesem Zusammenhang wie die Autoren als die Einhaltung gesetzlicher Regelungen durch ein Unternehmen bzw. die Beachtung allgemeiner Verhaltensweisen, die die Interessen des Unternehmens und seiner Vertragspartner wahren und Konflikte hinsichtlich dieser Interessen vermeiden sollen, so wäre diese Abhandlung ohne eine Behandlung auch des Insolvenzverfahrens selbst unvollständig. Denn entgegen einer leider häufig verbreiteten Meinung bedeutet die Einleitung eines Insolvenzverfahrens mitnichten immer den Verlust der Kontrolle über das Unternehmen und das Ende des Geschäftsbetriebs durch bloße Versilberung der Vermögenswerte. Vielmehr ist der Erhalt von Unternehmen auch in Insolvenzsituationen erklärtes Ziel der Insolvenzordnung (vgl. § 1 InsO), weswegen die Insolvenzordnung einen ganzen Strauß von Instrumenten bereit hält, mit deren Hilfe ein Unternehmen durch ein Insolvenzverfahren saniert und wieder in ein ruhiges Fahrwasser gebracht werden kann.

Befasst man sich mit dem Thema Compliance in der Unternehmenskrise, so sollte man daher auch ein Verständnis für das Insolvenzverfahren selbst und die dort gebotenen Möglichkeiten entwickeln, um tatsächlich und umfassend die Interessen des Unternehmens und seiner Vertragspartner wahren und Konflikte hinsichtlich dieser Interesse vermeiden, jedenfalls aber so weit als möglich steuern zu können.

© Springer Fachmedien Wiesbaden GmbH 2018

C. Köhler-Ma et al., *Compliance in der Unternehmenskrise,*

essentials, https://doi.org/10.1007/978-3-658-20261-3_4

4.1   Insolvenz ohne Kontrollverlust – Eigenverwaltung und Schutzschirmverfahren

Mit der ersten Ölkrise 1973 endete das Wirtschaftswunder der Nachkriegs-Bundesrepublik. Gleichzeitig entwickelte sich bei Insolvenzpraktikern die Erkenntnis, dass bei Unternehmenskrisen eine einfache Schließung von Unternehmen und Versteigerung der Vermögenswerte für alle Beteiligten und die gesamte Wirtschaft zu unnötig hohen Schäden führten. Es begann eine stetige Entwicklung der Modernisierung des deutschen Insolvenzrechts. Dabei war es das Ziel, Unternehmer, deren Unternehmen in Schwierigkeiten gerieten, zu einer möglichst frühen Konkursantragstellung zu bewegen (zu dieser Zeit galt noch die Konkursordnung, weswegen die Verfahren als Konkursverfahren bezeichnet wurden), da eine späte Antragstellung praktisch immer die Auszehrung der wirtschaftlichen Werte bedeutete. Dies kollidierte jedoch mit der Furcht der betroffenen Unternehmer, bei Stellung eines Antrags die Kontrolle über das Unternehmen – häufig das Lebenswerk – zu verlieren und auch persönlich zu scheitern. In der Insolvenzordnung, die am 01.01.1999 in Kraft trat, betonte der Gesetzgeber deshalb gleich in § 1, dass es keine Zerschlagungsautomatik geben solle, sondern „abweichende Regelungen insbesondere zum Erhalt des Unternehmens" getroffen werden können. Dies war insbesondere der Insolvenzplan, der Vergleich und Zwangsvergleich nach den Vorläufergesetzen Vergleichsordnung und Konkursordnung ersetzte. Darüber hinaus führte man ein für Deutschland völlig neues Verfahren ein, die Eigenverwaltung, die sich am US-amerikanischen Vorbild des Kap. 11 Bankruptcy Code orientierte. Anders als im Normalfall der Insolvenz, dem Regelverfahren, sollte hier der insolvente Schuldner die Verfügungsbefugnis über sein Vermögen behalten und nur unter Aufsicht eines sogenannten Sachwalters mit eng begrenzten Aufgaben stehen.

Sowohl Insolvenzplan (dazu gleich mehr im nächsten Abschnitt) als auch Eigenverwaltung führten in der Praxis zunächst ein Schattendasein. Der Eigenverwaltung wurde von Gerichten und Verwaltern Misstrauen entgegengebracht, da man – in Einzelfällen auch begründet – Missbrauch und Ausplünderung der letzten Vermögenswerte durch die Unternehmensführung fürchtete. Insofern kam es auch zu einer Zusammenarbeit zwischen Insolvenzgerichten und den dort mit der Prüfung von Eigenverwaltungsanträgen beauftragten Sachverständigen. Letztere betonten stark die gegen eine Eigenverwaltung sprechenden Aspekte und ermöglichten dem Gericht damit, statt eines Eigenverwaltungsverfahrens ein Regelverfahren anzuordnen. In einem späteren Reformgesetz begrenzte der Gesetzgeber daher erheblich die Gründe, wegen derer eine Eigenverwaltung durch Gericht oder Gläubiger verhindert werden konnte. Darüber hinaus schuf er einen Spezialfall der Eigenverwaltung, das sogenannte Schutzschirmverfahren, bei dem der Insolvenzschuldner sogar einen Einfluss darauf erhielt, wer der ihn beaufsichtigenden Sachwalter sein sollte.

Wegen der geschilderten Spannungen zwischen Gesetzgeber und Gerichtspraxis geriet das Schutzschirmverfahren etwas kompliziert. Ein solcher Antrag setzt zunächst voraus, dass beim Antragsteller noch keine Zahlungsunfähigkeit eingetreten ist, sondern nur einer der beiden anderen Insolvenzgründe – drohende Zahlungsunfähigkeit oder Überschuldung – vorliegen. Weiterhin muss dem Antrag eine mit Gründen versehene Bescheinigung eines in Insolvenzsachen erfahrenen Steuerberaters, Wirtschaftsprüfers, Rechtsanwalts oder ansonsten vergleichbar qualifizierter Person beigefügt werden, aus der sich ergibt, dass keine Zahlungsunfähigkeit vorliegt und die angestrebte Sanierung nicht offensichtlich aussichtslos ist. Der Antragsteller kann in seinem Antrag vorschlagen, wer der Sachwalter sein solle, wobei dies aber nicht der Aussteller der geschilderten Bescheinigung sein darf. Von diesem Vorschlag darf das Gericht nur mit schriftlicher Begründung abweichen, wenn die vorgeschlagene Person offensichtlich für die Übernahme des Amtes nicht geeignet ist. Diverse Zweifelsfragen – z. B., wie bald die Zahlungsunfähigkeit drohen darf – und die Erstellung der geschilderten Bescheinigung erfordern eine gründliche Vorbereitung, was gleichzeitig bedeutet, dass ein genügender zeitlicher Vorlauf vorhanden sein muss.

Als Alternative für die bestmögliche Bewältigung einer Unternehmenskrise wird deshalb auch die allgemeine Eigenverwaltung genutzt, bei der das Gericht hinsichtlich der Auswahl des Sachwalters nicht eingeschränkt ist. Wegen dieser Wahlfreiheit des Gerichts ist es für den Antragsteller ratsam, zuvor mit einem bei diesem Gericht in Regelverfahren bestellten Insolvenzverwalter abzustimmen, ob dieser als Sachwalter tätig werden und die Eigenverwaltung kooperativ begleiten will. Kann dazu eine Verständigung gefunden werden, dann bietet es sich an, dies dem Insolvenzgericht bei Antragstellung vorzuschlagen. Mit großer Wahrscheinlichkeit führt das dann in der Praxis zu einer entsprechenden Bestellung und einem Ergebnis, das dem Schutzschirm – ohne dessen Komplikationen – letztlich gleichkommt.

Damit die Eigenverwaltung im Ergebnis für alle Beteiligten zum Erfolg wird, ist es von entscheidender Bedeutung, die Aufgaben richtig zu verteilen. Dem Sachwalter sind vom Gesetz nur wenige Tätigkeiten übertragen worden, die zwingend nur er allein erfüllen kann: das Führen der Insolvenztabelle und die Durchführung von Anfechtungen. Der Sachwalter kann ferner – aber muss nicht – verlangen, dass er alle Geldflüsse kontrolliert, was – wenn es geschieht – natürlich erheblich in den Handlungsspielraum der Geschäftsführung eingreift.

Die Auswirkungen weiterer Tätigkeiten des Sachwalters sind weit weniger klar. Dies betrifft die ihm übertragene Aufsicht über den Insolvenzschuldner, die Überwachung von dessen Geschäftsführung, die Zustimmung zu außergewöhnlichen Geschäften, die Mitwirkung bei Vertragsbeendigungen und die Prüfung der Verzeichnisse und Vermögensübersichten. Zum einen fehlt der eigenverwaltenden Geschäftsführung hier häufig die Erfahrung, wie man sich in der Insolvenzsituation verhält und welche Rechte und Pflichten Unternehmen und Gläubiger haben. Dies spricht für eine Unterstützung durch den Sachwalter. Zum anderen kann es aber dazu kommen, dass sich die Geschäftsführung entmündigt fühlt, wenn zu viele Entscheidungen faktisch vom Sachwalter getroffen oder bestimmt werden. Dies spricht für eine Einschränkung der Rolle des Sachwalters. Deshalb ist es ganz entscheidend, gleich am Anfang des Verfahrens und möglichst noch vor Antragstellung zu klären, wer welche Aufgaben übernehmen soll.

Häufig ist es dabei sehr hilfreich, wenn die Geschäftsführung einen eigenen insolvenzerfahrenen Berater hinzuzieht, der das Erfahrungsdefizit ausgleicht und ein angemessenes Gegengewicht zum Sachwalter bildet. Wichtig ist dabei aber, dass dies nicht zu unverhältnismäßig hohen Kosten führt. Zwar sind die gesetzlich geregelten Kosten einer Sachwaltung geringer als die eines Regelinsolvenzverfahrens, doch sollte diese Ersparnis nicht in der Folge durch Beratungskosten aufgezehrt werden. Ist Letzteres der Fall, kann dies wiederum dazu führen, dass das Insolvenzgericht statt der Eigenverwaltung ein Regelverfahren zur Eröffnung bringt.

Für eine erfolgreiche Fortführung des Unternehmens ist schließlich wichtig, dass gleich bei Antragstellung geklärt wird, ob und in welchem Umfang der zuständige Insolvenzrichter Regelungen zur Bezahlung von neu entstehenden Verbindlichkeiten nach Antragstellung trifft. Hier enthält das Gesetz eine Unklarheit – was darf, kann oder muss in diesem Zeitraum bezahlt werden? –, die leider auch von der Rechtsprechung nicht behoben worden ist. Möglicherweise wird hier demnächst durch eine weitere Gesetzesänderung Klarheit geschaffen. Bis dahin muss individuell in jedem Fall geklärt werden, ob neu ausgelöste Verbindlichkeiten noch vor Verfahrenseröffnung bezahlt werden müssen oder ob sie durch eine Anordnung des Gerichts gegebenenfalls auch nach der Verfahrenseröffnung noch vor der Regelung sonstiger Gläubigerforderungen ausgeglichen werden können.

Im Ergebnis war die Einführung der Eigenverwaltung – trotz aller Abstimmungsprobleme im Detail – sehr sinnvoll und nützlich für Unternehmen und Gläubiger. Durch sie ist es etlichen Unternehmen leichter gefallen, die dort vorhandenen Krisenursachen grundlegend anzugehen und die Mittel zu nutzen, die das Gesetz zur Beseitigung einer Schieflage bietet. Hervorzuheben ist hier insbesondere die Möglichkeit, die Gläubiger über einen Insolvenzplan abstimmen zu lassen.

4.2   Das Insolvenzplanverfahren – Augen auf und durch

Der Insolvenzplan ist das zentrale Werkzeug des deutschen Insolvenzrechts zur dauerhaften Behebung einer Unternehmenskrise. Grundgedanke ist die Gläubigerautonomie: Wenn das Unternehmen seine Gläubiger davon überzeugen kann, einen anderen Weg als den der Abwicklung zu wählen, dann sollen diese sich durch Mehrheitsvotum für diesen Weg entscheiden dürfen. Damit das funktioniert, müssen die Gläubiger zunächst eine Information über den Zustand des Schuldnerunternehmens und einen Vergleich der möglichen Lösungen erhalten. Dann müssen die Gruppen, die an der Abstimmung teilnehmen, sachgerecht gebildet werden. Schließlich übt das Insolvenzgericht eine Aufsicht aus, die untaugliche Pläne stoppen und Missbrauch verhindern soll.

4.2.1   Darstellender Teil und Vergleichsrechnung

Der Planverfasser – Unternehmen oder Insolvenzverwalter/Sachwalter – muss zunächst darstellen, woher die wirtschaftliche Schieflage kommt und wieso sie nach den beabsichtigten Eingriffen in die Gläubigerrechte in Zukunft behoben sein wird. Hierbei werden die Sonderrechte, die das Insolvenzrecht dem Unternehmen bietet (dazu unten unter Abschn. 4.3 mehr), häufig eine erhebliche Rolle spielen. Ein weiterer wichtiger Punkt ist die Frage, ob dem Unternehmen nach der Restrukturierung frisches Kapital zugeführt wird (bevorzugt in Form liquider Mittel, also Geld) oder ob Zahlungen an die Gläubiger aus zukünftigen Erträgen geleistet werden sollen.

Damit die Gläubiger eine informierte Entscheidung treffen können, ob sie dem Insolvenzplan zustimmen wollen oder nicht, muss dieser den Gläubigern zudem erläutern, welche Zahlungen an die Gläubiger zu erwarten sind, wenn die Gläubiger den Plan ablehnen, was in der Regel bedeutet, dass das insolvente Unternehmen abgewickelt und sein Vermögen verwertet wird. Diese Konstellation ist dem Ergebnis gegenüber zu stellen, das die Gläubiger voraussichtlich erwartet, wenn sie dem Plan zustimmen. Es ist dabei nicht zwingend erforderlich, dass die Zahlungen nach dem Plan höher sind als sie es bei einer Abwicklung wären. Sind sie aber geringer, dann kann eine Opposition von Gläubigern oder Gläubigergruppen gegen den Plan nicht mehr durch Mehrheitsvotum überwunden werden.

Da mit einer Abwicklung aber meist zusätzliche Kosten verbunden sind – der Geschäftsbetrieb wird eingestellt, während Löhne und Gehälter, Mieten oder ähnliche Zahlungen bis zum Ablauf von Kündigungsfristen weiter zu erbringen sind –,

sind Pläne, die zur Fortführung des Unternehmens führen, im Normalfall günstiger für alle Beteiligten.

Alternativpläne von Gläubigern oder Interessenten für eine Übernahme des Unternehmens sind nicht vorgesehen. Hiermit soll verhindert werden, dass es unendliche Diskussionen über die Vorzüge verschiedener Pläne und den besten möglichen Plan gibt. Es kann nur entweder einen Plan des Unternehmens oder des Insolvenzverwalters bzw. Sachwalters geben. Sind die Gläubiger von einem Plan nicht überzeugt, dann können sie gegen ihn stimmen und ihn dadurch zum Scheitern bringen, nicht aber durch einen eigenen Plan ersetzen.

Vor der Abstimmung über den Plan werden die Gläubiger zum Abstimmungstermin geladen und es muss ihnen der Plan selbst oder eine Zusammenfassung seines wesentlichen Inhalts zugesandt werden. Will man sicherstellen, dass ein Plan im Abstimmungstermin tatsächlich zustande kommt, dann ist häufig eine Vorbereitung des Termins und eine weitere Kontaktaufnahme mit den Gläubigern erforderlich und sinnvoll, da viele Gläubiger von allein eine Teilnahme am gerichtlichen Verfahren für zeitraubend und überflüssig halten.

4.2.2 Gruppenbildung und Abstimmung

Für die Abstimmung sind die Gläubiger im Plan in Gruppen zu unterteilen. Gibt es keinerlei sachliche – das heißt im Wesentlichen wirtschaftliche – Gründe, Unterschiede zwischen den Gläubigern zu machen, dann kann es auch nur eine Gruppe der allgemeinen Insolvenzgläubiger geben. Häufig gibt es aber Unterscheidungsgründe. Insbesondere können manchen Gläubigern Sicherungsrechte zustehen und anderen nicht. Gibt es offene Forderungen von Arbeitnehmern, so soll für diese eine gesonderte Gruppe gebildet werden. Ist beabsichtigt, in Rechte von Gesellschaftern einzugreifen – die Gläubiger können im Plan z. B. entscheiden, Gesellschaftsanteile auf neue Investoren zu übertragen oder Gläubigerforderungen in Beteiligungen am insolventen Unternehmen umzuwandeln (sogenannter Debt-Equity-Swap) –, dann ist eine Gruppe der Anteilsinhaber zu bilden. Entscheidend ist, dass die gewählte Gruppenbildung sachlich gerechtfertigt werden kann. Gläubiger mit verschiedener Rechtsstellung (gesichert/ungesichert) dürfen nicht in einer Gruppe zusammengefasst werden. Gläubiger gleicher Rechtsstellung dürfen nicht beliebig in Gruppen aufgeteilt werden. Fehler bei der Gruppenbildung können insbesondere dazu führen, dass das Insolvenzgericht den Plan zurückweist und keinen Abstimmungstermin anberaumt oder ihm nach Abstimmung eine Bestätigung versagt.

4.2.3 Gestaltender Teil und gerichtliche Kontrolle

Der Kern eines jeden Plans ist der gestaltende Teil, in dem direkt in die Rechte der Gläubiger und gegebenenfalls auch der Anteilsinhaber – zumeist Kommanditisten, GmbH-Gesellschafter oder Aktionäre – eingegriffen wird. Typischerweise werden den Gläubigern dort Verzichte auf Forderungen auferlegt und Anteilsinhabern ihre Beteiligungen ganz oder zum Teil entzogen. Weil damit in grundgesetzlich geschützte Eigentumsrechte eingegriffen wird, kontrolliert das Insolvenzgericht, dass hierbei kein Missbrauch geschieht. Neben der Einhaltung bestimmter Formalien (u. a. Vorlageberechtigung und Mitwirkung von Gläubigerausschuss oder Betriebsrat) betrifft dies insbesondere die Gruppenbildung. Ist diese fehlerhaft, muss das Gericht den Plan zurückweisen, wenn der Fehler nicht kurzfristig behoben werden kann. Das Gericht kann den Plan ferner zurückweisen, wenn es ihn für offensichtlich erfolglos oder offensichtlich undurchführbar hält. Nach Abstimmung über den Plan hat das Gericht dessen Bestätigung zu versagen, wenn Vorschriften über Planinhalt oder Verfahren in wesentlichen Punkten irreparabel missachtet worden sind oder die Annahme des Plans unlauter – durch Sondervorteile für einzelne Gläubiger – herbeigeführt worden ist. Da seit der letzten Gesetzesreform die Rechtsmittel gegen den Plan stark eingeschränkt und erschwert worden sind, sollten Beteiligte, die sich durch einen Plan benachteiligt fühlen, das Insolvenzgericht auf ihre Bedenken hinweisen, um eine Wahrung ihrer Rechte durch einen Eingriff des Gerichts aufgrund seiner Kontrollmöglichkeiten zu bewirken.

4.3 Weitere Instrumente des Insolvenzrechts zur Sanierung von Unternehmen

Neben dem Eigenverwaltungsverfahren (ggfls. in der Form des Schutzschirmverfahrens) und dem Insolvenzplan bietet die Insolvenzordnung eine Reihe weiterer Instrumente, mit deren Hilfe die Sanierung von Unternehmen in der Insolvenz erleichtert wird. Diese stehen im Übrigen nicht nur im Rahmen von Eigenverwaltung und Insolvenzplan, sondern auch bei einem ganz normalen Regelinsolvenzverfahren zur Verfügung.

4.3.1 Insolvenzgeld

Eine Besonderheit des deutschen Insolvenzrechts ist der Umgang mit dem sogenannten Insolvenzgeld. Diese Leistung war schon 1974 unter dem Namen Konkursausfallgeld als umlagenfinanzierte Sozialleistung entwickelt worden. Um Arbeitnehmer vor den Folgen einer Insolvenz ihres Arbeitgebers zu schützen, wird zusammen mit den sonstigen Sozialabgaben ein Beitrag erhoben, der im Fall der Insolvenz des Arbeitgebers bis zu drei Monate Löhne und Gehälter von sozialversicherungspflichtigen Arbeitnehmern abdeckt. Auch Minijobs sind abgesichert. Der Dreimonatszeitraum berechnet sich rückwirkend vom sogenannten Insolvenzereignis. Als Insolvenzereignis kommen unter anderem das Ausscheiden eines Arbeitnehmers aus dem Arbeitsverhältnis oder die vollständige Einstellung des Betriebs infrage. Häufigstes Insolvenzereignis und von größter praktischer Bedeutung für die Sanierung durch Insolvenz ist aber die Eröffnung des Insolvenzverfahrens. Die Obergrenze für die danach zu zahlenden Leistungen ist die Beitragsbemessungsgrenze, also das Bruttogehalt, bei dessen Überschreitung der Arbeitnehmer nicht mehr in der gesetzlichen Krankenversicherung versicherungspflichtig ist.

Auf Antrag bei der Bundesagentur für Arbeit kann ein Unternehmen, das Insolvenzantrag gestellt hat, die Erlaubnis erhalten, diese Beträge vorzufinanzieren. Dies bedeutet, dass die Arbeitnehmer des insolventen Unternehmens ihre Ansprüche auf eine spätere Auszahlung von Insolvenzgeld per Kaufvertrag an eine finanzierende Bank abtreten und von dieser daraufhin ihren Nettolohn ausgezahlt erhalten. Aus dem Vermögen des insolventen Unternehmens müssen dafür Zinsen und Bearbeitungsgebühren bezahlt werden. Nach Verfahrenseröffnung erhält dann die Bank die vorfinanzierten Beträge von der Agentur für Arbeit erstattet, die ihrerseits die gezahlten Beträge als Insolvenzforderung zur Tabelle anmeldet.

Diese Vorfinanzierungsmöglichkeit stellt eine erhebliche Liquiditätsentlastung für das zu sanierende Unternehmen dar und ist ein wichtiger Baustein für eine spätere Restrukturierung. Denn während des Dreimonatszeitraums kann das Unternehmen Umsätze erzielen und Liquidität schaffen, ohne mit Personalkosten belastet zu sein. Später – im eröffneten Insolvenzverfahren – zeigt sich dann, in welcher Höhe die Arbeitsagentur auf ihre Insolvenzforderung eine Quote erhält. Erfahrungsgemäß ist die Arbeitsagentur an Sanierungslösungen interessiert und zeigt sich kooperativ, sodass sie häufig einem Insolvenzplan zustimmt, der zu einer Sanierung führt und Arbeitsplätze erhält, auch wenn die an sie zu zahlende Quote nicht sonderlich hoch ist.

4.3.2   Arbeitsrechtliche Sonderregelungen

Die Liquiditätsentlastung durch das Insolvenzgeld allein ist aber normalerweise für eine Sanierung nicht genug. Denn typischerweise rührt die Krise eines Unternehmens daher, dass die entstehenden Kosten höher sind als das, was aus dem zu erzielenden Umsatz ausgeglichen werden kann. Damit die Insolvenz zur Behebung der Unternehmenskrise genutzt werden kann, bietet die Insolvenzordnung deshalb mehrere Möglichkeiten, um Kosten zu senken.

Da bei einer Insolvenz immer mit dem schlimmsten Fall der Einstellung des Betriebs zu rechnen ist, droht bei ihr auch der Verlust aller Arbeitsplätze. Deshalb sind im Insolvenzverfahren die Vorschriften, die den Schutz individueller Arbeitnehmer vor sozialen Härten bezwecken, eingeschränkt, da allen Arbeitnehmern des insolventen Betriebs ja ohnehin der Verlust des Arbeitsplatzes mit allen damit verbundenen Nachteilen droht. Bei einer Kündigung im Insolvenzverfahren – gleich ob Regel- oder Eigenverwaltungsverfahren – sind deshalb zunächst längere vertragliche oder tarifvertragliche Kündigungsfristen auf die gesetzlichen Kündigungsfristen reduziert, das heißt auf maximal drei Monate. Sind die Voraussetzungen für den Abschluss eines Sozialplans gegeben (Vorhandensein eines Betriebsrats und Überschreitung einer Mindestanzahl von Kündigungen), dann ist das Volumen dieses Sozialplans auf einen Gesamtbetrag von zweieinhalb Monatsgehältern aller betroffenen Arbeitnehmer oder ein Drittel der ansonsten für die Gläubiger verfügbaren Insolvenzmasse begrenzt.

Existiert ein Betriebsrat, dann kann mit diesem auch die Erstellung einer Liste der entfallenden Arbeitsplätze vereinbart werden. Hierbei sind die Vorschriften des Kündigungsschutzgesetzes, die außerhalb der Insolvenz faktisch die Zahlung von Abfindungen für den Verlust des Arbeitsplatzes erzwingen, so weitgehend eingeschränkt, dass sie letztlich ihre Bedeutung verlieren. Erstellt das Unternehmen nämlich mit dem Betriebsrat zusammen eine Liste von Kündigungen, die auf die Schaffung einer ausgewogenen Personalstruktur abzielen, dann wird vermutet, dass die Voraussetzungen für eine betriebsbedingte Kündigung vorliegen. Zudem sind die Anforderungen an die Sozialauswahl und deren Überprüfbarkeit erheblich eingeschränkt. Eine Klage der betroffenen Arbeitnehmer gegen die Kündigung unter Berufung auf das Kündigungsschutzgesetz hat dann regelmäßig keine Aussicht auf Erfolg. Damit entfällt auch die sonst übliche vergleichsweise Einigung auf Zahlung einer Abfindung.

Ein weiteres Werkzeug zur Anpassung der Personalkosten an den realistisch zu erzielenden Umsatz ist die Einschaltung einer Transfergesellschaft (auch bekannt als Beschäftigungs- und Qualifizierungsgesellschaft). Diese Gesellschaften finanzieren sich teils durch eine Zahlung des Unternehmens, das die

Personalreduktion durchführen muss, und teils durch öffentliche Mittel wie dem Strukturkurzarbeitergeld. Sie sind insbesondere dann von Nutzen, wenn das Unternehmen durch eine übertragende Sanierung, also den Verkauf des Unternehmensvermögens an einen neuen Inhaber, saniert werden soll. Grundsätzlich gehen bei Veräußerung eines Betriebes die Arbeitsverträge von sämtlichen dort beschäftigten Arbeitnehmern auf den Käufer über. Wird der gezahlte Kaufpreis aber zumindest zum Teil für die Finanzierung einer Transfergesellschaft verwendet, dann können die nicht mehr zu beschäftigenden Arbeitnehmer in diese Gesellschaft übergehen und dort Fortbildungsmaßnahmen sowie Lohnzahlungen erhalten, mit denen sie im Verhältnis zu einer Kündigung noch deutlich besser stehen. Über die Einschaltung einer solchen Transfergesellschaft lässt sich etwa bei einer Übertragung des Geschäftsbetriebs (oder gesunden Teilen davon) an eine sogenannte Auffanggesellschaft sicherstellen, dass die neue Gesellschaft nur noch die Arbeitnehmer beschäftigt, die sie tatsächlich beschäftigen und deren Löhne sie aus den Umsätzen nachhaltig erwirtschaften und bezahlen kann.

Über die Abschwächung der außerhalb der Insolvenz anzuwendenden gesetzlichen Vorschriften hinaus führt die Insolvenzsituation auch faktisch zur Erleichterung einer Personalreduktion. Nichts vermittelt den Ernst der krisenhaften Lage und die Bedrohung aller Arbeitsplätze mehr als die Stellung des Insolvenzantrags. Diese dämpft Anspruchsdenken und Streitlust erheblich, was häufig erst die Erzielung wirtschaftlich tragbarer Ergebnisse ermöglicht.

4.3.3 Beendigung von Mietverhältnissen und ähnlichen Verträgen

Häufig tragen auch Verpflichtungen aus langfristigen Mietverträgen zur Krise eines Unternehmens bei. Außerhalb der Insolvenz verlangt der Vermieter typischerweise hohe Ausgleichszahlungen, wenn derartige Verträge beendet werden sollen. Meist soll der Mieter im Wesentlichen alle Mieten bis zum Ablauf des Vertrages zahlen. In der Insolvenz ist es drastisch anders. Hier kann das insolvente Unternehmen entscheiden, welche Mietverträge es erfüllen will und welche nicht. Bei den Verträgen, die nicht erfüllt werden, entsteht dem Vermieter ein Schadensersatzanspruch für die entfallenden Mieten im restlichen Vertragszeitraum. Dieser ist aber nur eine einfache Insolvenzforderung. Für Mietrückstände für bis zu zwölf Monate vor Verfahrenseröffnung steht dem Vermieter allerdings ein Pfandrecht an den Sachen zu, die der Mieter in die Mieträume eingebracht hat. Dies kann mit Sicherungsrechten anderer Gläubiger kollidieren. Hier muss in jedem Einzelfall der Vorrang eventueller Rechte geklärt werden.

Für Mietflächen, die benötigt werden, gibt es andere Vorteile: Eine Kündigung wegen Mietrückständen aus der Zeit vor Antragstellung oder wegen Verschlechterung der Vermögensverhältnisse ist nicht zulässig. Ebenfalls unzulässig sind Kündigungsklauseln wegen Insolvenzantragstellung. Wird also die Miete nach dem Antrag pünktlich gezahlt, damit kein neuer Kündigungsgrund entsteht, dann können benötigte Flächen trotz Zahlungsrückständen und Insolvenz weiter ungestört genutzt werden. Dies ist häufig gerade bei Unternehmen des Einzelhandels von Bedeutung: Mietverträge für Läden mit schwachen Umsätzen können gekündigt werden, Mietverträge für gute Filialen können beibehalten werden. Es ist jedoch auch hier zu prüfen, inwieweit der Vermieter durch ein Pfandrecht gesichert ist und ob dieses mit Sicherungsrechten anderer Gläubiger kollidiert.

Auch bei Lizenzverträgen ergeben sich in der Insolvenz Beendigungsgründe. Hier gibt es große Risiken für Lizenznehmer: Solange sich aus dem Lizenzvertrag gegenseitige Pflichten von Lizenzgeber und Lizenznehmer ergeben, die bei Antragstellung nicht vollständig erfüllt sind, kann der Lizenzvertrag in der Insolvenz des Lizenzgebers beendet werden. Der Lizenznehmer hat dann nicht mehr das Recht, die erworbene Lizenz zu nutzen, was zu hohen Schäden führen kann, wenn diese z. B. die Basis für wichtige Produkte oder Leistungen ist. Hierzu ist bei Entstehen einer Schieflage die Situation immer im Einzelfall zu prüfen.

4.4 Anfechtung – wie gewonnen, so zerronnen

Eine besondere Gruppe von Regelungen in der Unternehmenskrise betrifft die Anfechtung von Leistungen, die einem Gläubiger zugutekommen, wenn andere nichts erhalten. Dies wird nur praktisch, wenn aus der Krise eine Insolvenz wird. Ohne Insolvenz ist eine derartige Anfechtung – nach Anfechtungsgesetz – nur in relativ seltenen Spezialfällen möglich. In der Insolvenz dagegen gehört es zu den hauptsächlichen Pflichten des Insolvenzverwalters und im Eigenverwaltungsverfahren zu denen des Sachwalters, zu klären, ob die Bevorzugung eines Gläubigers im Verhältnis zu anderen Gläubigern im Vorfeld der Insolvenz wieder rückgängig gemacht werden muss. Dahinter steht der Gedanke, dass das Vermögen eines Unternehmens gleichmäßig für alle Gläubiger verwendet werden soll, wenn es nicht mehr zur vollständigen Befriedigung aller Verbindlichkeiten ausreicht. Deshalb können Handlungen, die zu Nachteilen für die Gläubiger führen, durch Anfechtung rückgängig gemacht werden. Zeitlicher Anknüpfungspunkt hierfür ist immer der Tag des Insolvenzantrags. Sachlicher Anknüpfungspunkt ist die Kenntnis von Tatsachen, die auf eine Unternehmenskrise hinweisen – drohende Zahlungsunfähigkeit, Zahlungsunfähigkeit oder Einstellung der Zahlungen – oder die

Unentgeltlichkeit der erhaltenen Leistung. Die Zeiträume, auf die sich mögliche Rückforderungen beziehen, sind sehr verschieden: Es kann um Leistungen nach dem Insolvenzantrag, einen Monat vor Insolvenzantrag, drei Monate vor Insolvenzantrag, vier Jahre oder sogar zehn Jahre vor Insolvenzantrag gehen. Typische Fallgruppen – vereinfacht und nicht abschließend – sind:

- der Gläubiger weiß, dass sein Schuldner zahlungsunfähig ist, und nimmt die vertragsgemäße Bezahlung für eine erbrachte Leistung entgegen;
- unabhängig vom Wissen nimmt der Gläubiger eine nicht vertragsgemäße Gegenleistung für seine Leistung entgegen (jede Änderung mit Ausnahme einer nur verspäteten Zahlung schadet);
- der Gläubiger weiß, dass sein Schuldner in Schwierigkeiten ist und dass eine Leistung an ihn die Bezahlung anderer Gläubiger verhindert, und nimmt eine Leistung trotzdem entgegen.

Gerade bei Tatbeständen, die sich auf die langen Zeiträume (zehn Jahre!) beziehen, kann die Verpflichtung zur Rückgewähr erhaltener Leistungen auch für den Empfänger wirtschaftlich gefährlich sein. Wenn die erhaltenen Leistungen nicht als flüssige Mittel zur Verfügung stehen, kann der Rückforderungsanspruch selbst wieder eine Krise auslösen. Dies ist ein Beispiel dafür, dass Überlegungen zur Compliance – also dem richtigen und regelgerechten Verhalten – auch dann wichtig sind, wenn es zunächst scheinbar nur um den Erhalt eines Vorteils geht.

Fazit 5

Eine Unternehmenskrise entsteht nicht von heute auf morgen, sondern entwickelt sich über einen längeren Zeitraum. Das Unternehmen durchläuft dabei regelmäßig mehrere Krisenstufen: Stakeholderkrise, Strategiekrise, Produkt- und Absatzkrise, Erfolgskrise, Liquiditätskrise, Insolvenzreife.

Je weiter fortgeschritten die Krise ist, umso höher sind die Anforderungen an die Geschäftsleitung aus Compliance-Sicht, denn es sind immer mehr Interessen unterschiedlicher Beteiligter von den Auswirkungen der Krise betroffen, deren Beachtung von der Geschäftsleitung erwartet wird.

Eine Krise erledigt sich nur in den seltensten Fällen von allein. Schon beim ersten Auftreten von Krisensymptomen sollte die Geschäftsleitung diese daher aktiv beobachten und Gegenmaßnahmen ergreifen.

Die Bereitschaft Dritter, ein kriselndes Unternehmen mit frischem Kapital zu unterstützen, um dieses aus der Krise zu führen, nimmt mit dem Fortschreiten der Krise ab. Je früher, das Problem angegangen wird, umso größer ist die Wahrscheinlichkeit, die dafür erforderlichen finanziellen Mittel zu beschaffen.

Die Pflichten der Geschäftsleitung verdichten sich mit der Zuspitzung der Unternehmenskrise. Zur Vermeidung eines persönlichen Risikos ist es daher anzuraten, dass sich die Geschäftsleitung gegen solche Risiken schützt. Neben dem Abschluss einer Versicherung für solche Risiken (sog. D&O Versicherung) vor Eintritt der Krise sollte sich die Geschäftsleitung insbesondere beim Auftreten von Krisensymptomen externen fachlichen Rat einholen, um sicher durch die problematische Zeit zu navigieren.

Ist die Krise so weit fortgeschritten, dass die finanzielle Leistungsfähigkeit der Gesellschaft nicht mehr ausreichend ist oder absehbar nicht mehr ausreichen wird, um die fälligen Verbindlichkeiten zu zahlen, ist bei der Geschäftsleitung höchste Vorsicht geboten. Denn der Gesetzgeber hat der Geschäftsleitung die

© Springer Fachmedien Wiesbaden GmbH 2018
C. Köhler-Ma et al., *Compliance in der Unternehmenskrise,*
essentials, https://doi.org/10.1007/978-3-658-20261-3_5

Verantwortung übertragen, in einer solchen Situation das Vermögen der Gesellschaft zusammenzuhalten und keine Gläubiger ohne rechtlich gebotenen Grund zu bevorzugen. Diese Verantwortung ist nicht nur mit einer persönlichen Haftung verknüpft, sondern auch strafbewehrt.

Es ist keine Schande, wenn ein Unternehmen einen Insolvenzantrag stellt. Die Insolvenz kann im Gegenteil das richtige Instrument sein, um die verschiedenen Stakeholder an einen Tisch und unter einen Hut zu bekommen, um das außerhalb der Insolvenz nicht durchsetzbare Restrukturierungskonzept umzusetzen. Schädlich ist nur, wenn der Insolvenzantrag erst in letzter Sekunde gestellt wird, wenn die für eine Rettung erforderliche Zeit und das benötigte Geld nicht mehr zur Verfügung stehen.

Ein Insolvenzverfahren bedeutet nicht zwingend die Liquidation des betroffenen Unternehmens und dessen Ende. Mit Eigenverwaltung, Insolvenzplan, Insolvenzgeldvorfinanzierung etc. hat der Gesetzgeber vielmehr eine Vielzahl von Instrumenten bereitgestellt, um eine Restrukturierung gerade durch ein Insolvenzverfahren zu ermöglichen.